Charles Finney

SERIE: HOMBRES DE FE

Charles Finney

Basil Miller

Biografía oficial para la Conferencia con
motivo del sesquicentenario del
nacimiento de Finney, celebrada en
Chicago en 1942.

EDITORIAL BETANIA

Versión castellana:
Juan Sánchez Araujo

Copyright © 1983 por la Editorial Betania
Calle 13 S.O. Nº 824, Caparra Terrace
Puerto Rico 00921

Publicado originalmente en inglés con el título de
CHARLES FINNEY,
HE PRAYED DOWN REVIVALS
Copyright © 1941, 1969 por Zondervan Publishing
House
Grand Rapids, Michigan 49506

Distribuido por
Bethany House Publishers
Minneapolis, Minnesota 55438
ISBN 0-88113-034-6

INDICE

Capítulo 1

Una juventud sin Dios

La historia de Charles G. Finney se puede resumir en una palabra: *avivamientos*. Esta es la llave que abre la puerta a los tesoros de su maravillosa vida. Aun en su propia opinión, todo lo demás que hizo no es digno de mencionarse si no es en relación con su evangelismo. El fue el padre de un nuevo movimiento evangelístico en América. Finney empieza la historia de su vida, diciendo: "Ha placido a Dios el asociar hasta cierto punto mi nombre y mis trabajos con un extenso movimiento de la iglesia de Cristo, considerado por algunos como una nueva era en su avance, especialmente en conexión con los avivamientos religiosos".

Tan intenso y distinto fue el movimiento que engendró, que muchos le tenían por un innovador. Pero a Charles Finney —el evangelista— poco le preocupaba la calumnia, la tergiversación de sus motivos y todo lo demás con tal de poder *ganar preciosas almas para su Maestro.* Para eso vivía. Los otros aspectos de su carrera fueron apilados en estantes secundarios de su pensamiento en relación a lo mismo.

A los setenta y cinco años —y una vez terminada la parte principal de su larga vida de éxito—, se le pidió que escribiera sus Memorias. Había teologizado como profesor de universidad durante treinta y un años, al mismo tiempo que pastoreaba una iglesia universitaria, y escrito muchos libros importantes de impacto mundial.

Pero al narrar su historia, hizo poco hincapié en aquella parte de su carrera, para llamar la atención completamente al papel que jugó ganando almas para Cristo. Se olvidó de sí mismo como maestro, teólogo y pastor . . . Pasó por alto las muchas y variadas avenidas en las que la influencia de su asombrosa personalidad se había dejado sentir con fuerza y dinámica espiritual.

Sintonizó su pensamiento con los inspiradores temas de sus avivamientos, volviendo a vivir en su recuerdo, a la suave luz de sus tres cuartos de siglo de vida, aquellas horas gloriosas cuando medio millón de almas se entregaron al toque del Maestro mediante su ministerio. Algunos llamaron al libro que escribió sobre sí mismo, su autobiografía; pero para Charles Finney, aquellas historias eran memorias, santas memorias consagradas con la edad, de las veces cuando los cielos se inclinaron a poca altura para recibir las almas de los hombres. Este es también nuestro énfasis, al relatar la forma en que Dios trató con él, y repasar la forma en que él tocó las vidas de algunos hombres. Como maestros, otros estamparon el sello de sus personalidades en estudiantes inmaduros; hubo también aquellos quienes desafiaron el intelecto del mundo con sus libros; pero en su propia opinión, Finney era la voz del Señor llamando a los hombres al arrepentimiento, y su trono no fue una sala de clases rodeada de columnas del saber.

Estableció su trono en el cuarto de búsqueda, donde las almas de los hombres agonizaban ante la decisión eterna. Allí fue donde peleó sus batallas, por lo tanto ésta será nuestra peregrinación. Caminaremos con él por aquellos tiempos emocionantes en los que las atmósferas estaban electrizadas con los avivamientos, para que la chispa de nuestro propio evangelismo prenda de nuevo.

"No he llevado ningún diario", dice Finney, "y por consiguiente he de depender de mi memoria . . . Los sucesos de los que he sido testigo en los avivamientos religiosos han dejado una huella muy profunda en mi mente . . . Tan sólo esbozaré el tipo de esquema que dé una idea aceptablemente clara del carácter que éstos tomaron relatando únicamente unos pocos ejemplos particulares de conversión que acontecieron en diferentes lugares".

Charles Finney restó importancia a los sucesos de su vida privada en sus propios escritos, y sólo les prestó atención en relación con su carrera evangelística. Esta idea predominante sobresalió en todo momento en su pensamiento.

En la línea de sus antepasados, resonaban distantes los tambores de la Revolución Americana, y en el trasfondo más lejano de su gente asomaba el *Mayflower;* en el que un antecesor suyo llegara a América al principio. Su padre, Sylvester Finney era un veterano revolucionario que se ganaba la vida como granjero. El 29 de agosto de 1792, nació Charles mientras la familia estaba viviendo en Warren, condado de Litchfield, Connecticut. Ya que el padre leía más las novelas de un tal Richardson que la Biblia, le puso a su hijo el nombre de uno de los personajes ficticios de aquél: Charles Grandison.

Su familia era pobre, pero no al extremo. El evangelista dice que nunca oyó una oración en la casa de su padre hasta que él mismo la elevó; ni leyó la Biblia hasta que compró una por su cuenta durante las primeras semanas de su práctica de la abogacía, cuando tenía veintinueve años.

La ola del imperio se dirigía hacia el oeste, y la corriente de la misma arrastró a los inestables veteranos revolucionarios; así que Sylvester Finney, junto con sus vecinos, cargó sus carretas de bueyes con sus posesiones y abrió una ruta a través del desierto hacia las tierras sin colonizar más allá del río Hudson. Al principio se detuvo en Brotherton, trasladándose más tarde a Hanover, en el condado de Oneida, Nueva York. Allí sería donde transcurriera la infancia de Charles. "Por aquel tiempo, en gran parte, un desierto", como observa el evangelista desde su mirada distante setenta y tres años más tarde.

La vida que habría de llevar el futuro predicador sería al aire libre. Había faenas de la granja que realizar, troncos de árboles que derribar y tierras que labrar. Cuando Charles fue lo bastante mayor, descolgó el rifle de baqueta y largo tambor que colgaba de los cuernos de ciervo situados sobre la puerta, y se apresuró al bosque donde abundaba la caza, principalmente ciervos, pavos y pichones salvajes. Llegó a ser un experto tirador, y el cazar fue una diversión de la que disfrutó durante los años más activos de su vida.

Incluso en Oberlin, cuando ya pasaba bastante el medio siglo, salía inadvertidamente a las afueras de la colonia con su rifle, y el sonido de los disparos avisaba a los vecinos de que pronto el famoso maestro-evangelista pasaría por allí repartiendo a cada uno una porción del ciervo que había cazado.

Su nieto reconstruye para nosotros un cuadro del robusto joven que era de esta manera: "Cuando tenía veinte años, aventajaba a cualquier hombre o chico que encontrara en todo tipo de faena o deporte. Ningún hombre le podía derribar, ni tampoco hacerle saltar el sombrero; nadie corría más aprisa que él, saltaba más lejos, brincaba más alto o lanzaba una pelota con mayor fuerza y precisión. Cuando su familia se trasladó a la orilla de la Bahía de Henderson, cerca del

Puerto de Sackett, añadió a sus habilidades el remar, nadar y navegar".

De acuerdo con las tradiciones de los pioneros de Nueva Inglaterra, no se descuidó en su educación ni siquiera en aquel desierto; ya que los jóvenes tenían que saber leer como era debido, escribir correcta y claramente, y saber llevar las cuentas de la familia. Por lo general, los maestros se alojaban entre las familias de los alrededores, permaneciendo en cada sitio más o menos una semana.

Aquellas escuelas fueron las precursoras de la "casita roja del colegio", y en las mismas se podían encontrar tanto el Silabario Webster de lomo azul, como la Aritmética de Hodder y Pike. Los bancos en los que se sentaba el joven Charles durante el verano y el invierno, hasta que tuvo quince o dieciséis años, eran toscos. El decía: "Avancé hasta que me consideraron capaz de enseñar en una escuela primaria".

Cerca de allí, en Clinton, estaba el Instituto Hamilton de Oneida, el cual Samuel Kirkland, un misionero entre los indios, había fundado y al que había puesto aquel nombre en memoria de Alexander Hamilton. Aquélla habría de ser la semilla de la que brotara la Universidad de Hamilton. Allí estudió Charles durante dos años, después de superar la etapa de la escuela rural.

Fue en aquel lugar donde su vida quedó marcada por la influencia del director Seth Norton, quien había estudiado en la Universidad de Yale. Norton, un erudito en los clásicos y amante de la música, le inspiró a Charles Finney la ambición de procurarse una educación clásica y despertó en el corazón del joven la pasión por la música.

"Fue él quien le enseñó a cantar", escribe William Cochran, nieto de Finney, "y tanto a leer las partituras musicales como a tocar el violín . . . y el violonchelo". Este último instrumento atraía poderosamente a la naturaleza apasionada del señor Finney.

El primer dinero que ganó Charles con sus clases fue para comprar un violonchelo. En sus ratos libres se entregó al dominio de aquel instrumento musical y a un concienzudo estudio de armonía y composición, desarrollando pronto la habilidad de inventar una tonada con sus acordes apropiados y escribir las diferentes partes de un coro.

En años sucesivos de la vida de Finney, estos estudios musicales se destacarían en su ministerio evangelístico, ya que a menudo los mejores músicos de las ciudades donde se celebraban sus campañas de avivamiento dirigían coros para él.

"Tenía una voz de gran alcance, flexible y potente", expresa Cochran en un discurso en memoria de su abuelo, "y el canto era la expresión natural de su alma saludablemente gozosa. Pero también era extraordinariamente emotivo, y casi tan sensible a las demandas de compasión como su violonchelo lo era a las vibraciones de sus cuerdas. No era desacostumbrado en él, a pesar de ser fuerte y vigoroso, el que llorara sobre su instrumento".

La intensidad de sus accesos de emoción que le hacían experimentar a menudo las sobrecargas de sentimiento que caían sobre el auditorio, era el corazón mismo de sus llamamientos evangelísticos. Como él decía, su "sensibilidad rebosaba con frecuencia". Pero este rebosar conmovía al público y dotaba a su voz de energía espiritual.

En 1808 —cuando Charles tenía dieciséis años—, después de que su familia se trasladara a Henderson, Nueva York, a orillas del Lago Ontario, encontró una escuela rural que estaba buscando maestro. Durante los cuatro años siguientes enseñó en la misma, tanto en el luminoso verano como en el frío invierno; convirtiéndose en el ídolo de sus alumnos, por el hecho de que participaba en las actividades deportivas de éstos, siempre aventajándoles.

Mientras que el joven recibió los beneficios de los estudios, las influencias religiosas que tuvo fueron nulas. Según afirma él mismo: "Ni mi padre, ni mi madre eran profesores de religión, y creo que entre nuestros vecinos había muy poca gente religiosa. Raramente oía un sermón, salvo uno que otro ocasional, de aquellos que daban algunos predicadores itinerantes que a veces se encontraban en la región. Recuerdo muy bien que la ignorancia de dichos evangelistas era tal, que la gente volvía de la reunión y pasaba un tiempo considerable riendo incontrolablemente de las tremendas equivocaciones . . . y de los disparates que habían proferido".

Cuando estaba a punto de construirse una iglesia en la provincia de Oneida, la familia se trasladó más lejos, al corazón del desierto, y se asentó a orillas del lago, "donde", dice Finney, "viví de nuevo durante varios años, sin disfrutar de privilegios religiosos igual que en Oneida".

Cuando sonó la llamada de la guerra de 1812, Charles fue al Puerto de Sackett, a orillas del lago, con intención de alistarse en la marina; pero allí, en un solo día, oyó más profanidades que en sus veinte años de vida, y aquello era más de lo que podía soportar. También fue abordado por una mujer de la calle, joven y hermosa.

Su nieto dice de aquel incidente: "La miró extrañado, y cuando comprendió la naturaleza de su demanda, se sintió tan abrumado de compasión por ella que sus mejillas se enrojecieron, y antes de que se diera cuenta estaba derramando lágrimas. Ella, avergonzada, también lloró". Narrando dicha historia, cincuenta y cinco años más tarde, Finney comenta:

"¡Cuánto desearía haber sido creyente en aquel entonces! Aquella mujer hubiera podido ser salva. Quizás
Dios provocó aquel encuentro con el propósito de
abrirle los ojos, puede que se haya arrepentido".

Así que no hubo servicio en la marina para
Charles. Sin lugar a dudas, aquello fue obra de la providencia de Dios, quien guiaba su vida en otra dirección en la que iba a irrumpir el resplandor de su despertar espiritual.

Poco después, volvió al pueblo de su nacimiento:
Warren, en el estado de Connecticut, donde asistió a
una academia durante dos años. Durante ese tiempo
se ganó su sustento trabajando en la granja de un tío
suyo, y dirigiendo durante el invierno una escuela de
canto a la que asistía mucha gente de varios kilómetros a la redonda.

En dicha academia se distinguió como líder,
adquirió reputación de inteligente y buen orador en el
club literario, y sirvió como director del periódico de la
escuela. Tenía pensado ir a Yale para asistir a un curso
clásico, pero su profesor le persuadió de que aquello
sería perder el tiempo, ya que bajo su dirección podía
completar el mismo en dos años en lugar de cuatro.

Charles pasó los dos años siguientes enseñando en
Nueva Jersey, y volviendo a Warren de vez en cuando
para poner al corriente a su instructor de los progresos
en sus estudios clásicos y recibir más tareas. Así
adquirió un conocimiento práctico del latín, del griego
y del hebreo; pero en sus Memorias estima modesta-
mente aquellos logros lingüísticos, diciendo: "Nunca
llegué a poseer tanto conocimiento de las lenguas
muertas como para sentirme capaz de criticar por mí
mismo nuestra traducción inglesa de la Biblia".

Mirando hacia atrás en su prodigiosa vida, se llega
a la conclusión de que era la mano de Dios mostrándose en la preparación de Charles Finney para una carre-

ra evangelística. No conseguiría ir a Princeton más tarde; como tampoco lograra asistir a Yale entonces, pero estas dos escuelas habrían contribuido poco a su trabajo como evangelista.

Cuatro años más tarde, su profesor lo instó a ir con él hacia el sur para establecer una academia; pero, debido a la enfermedad de su madre, se le rogó que volviera a casa. Aquí la providencia intervino de nuevo, porque en un recodo de su carrera se encontraría con el derecho, y las leyes, y esto lo conduciría a la Biblia, y la Biblia . . . Pero esto es correr más aprisa que nuestra historia.

Una vez que Finney estuvo de nuevo en el hogar, sus padres le persuadieron de que se hiciera jurista. En Adams, Nueva York, Charles tenía la posibilidad de entrar en el despacho del juez Benjamín Wright, por entonces un abogado destacado de aquella parte del estado. Esto sucedió en 1818, cuando Charles Finney contaba veintiséis años.

"Hasta aquel momento", dice en sus Memorias, "nunca disfruté de lo que pudiéramos llamar experiencias religiosas. Jamás había vivido en una comunidad que orara, excepto durante el período cuando estuve asistiendo al instituto de estudios secundarios de Nueva Inglaterra, y la religión de aquel lugar no era en absoluto del tipo que pudiera cautivar mi atención. Hasta entonces, nunca residí en un sitio donde tuviera la oportunidad de ir a una reunión de oración regular". Tampoco había poseído una Biblia.

Durante dos años estudió derecho con el juez Wright, después de los cuales se le admitió en el cuerpo de abogados y se le hizo socio de la firma. Siendo todavía un joven jurista, se interesó en las actividades cívicas de la comunidad, le sugirieron que se hiciera masón, consejo que siguió, pensando que aquello mejoraría su posición en la ciudad.

Según afirma: "Era casi tan ignorante acerca de la religión como un pagano. Mi educación había transcurrido en su mayor parte en los bosques; prestaba poca atención al día de reposo, y no tenía un conocimiento definido de las verdades religiosas".

En tal condición espiritual, el pastor de la iglesia local, el reverendo George W. Gale, licenciado de Princeton y predicador muy diestro, invitó a Charles a dirigir el coro de la iglesia. La atractiva personalidad de Gale aventajaba en mucho a la teología de su púlpito —en lo que a Finney se refería—, ya que sus visitas al bufete del joven abogado significaron más para éste que sus sermones.

Predicaba el dogma de que la naturaleza del hombre era totalmente incapaz de cualquier cosa buena, y que en la voluntad de éste no existía la posibilidad de que realizara una buena elección. Para él, el alma humana era totalmente pasiva en la regeneración, que en sí misma constituía un cambio físico. Si hablaba del arrepentimiento, se aseguraba de informar a la congregación de que el mismo era imposible. Si se refería a la fe salvadora, decía a su auditorio que hasta que la gracia, por medio del Espíritu Santo, no hubiera cambiado sus naturalezas, no podían creer.

Al encontrar muchas referencias en sus libros de leyes al código mosaico, así como a otros pasajes bíblicos, Finney decidió comprar una Biblia para poder comprobar las citas y leerla en sus ratos de ocio. De este modo, se dio cuenta de que las exageradas posiciones dogmáticas de Gale no cuadraban con las Escrituras, y así se lo dijo.

"Hablando con él", declara el abogado, "y haciéndole preguntas, percibí que en su propia mente estaba confuso, y que no se definía de una manera precisa a sí mismo lo que quería decir con muchos de aquellos términos importantes que utilizaba . . . Teníamos muchas conversaciones interesantes, pero éstas más bien parecían estimular a mi propia mente a la investigación en vez de satisfacerme respecto de la verdad".

Asistía regularmente a la reunión de oración, pero el orar contribuyó poco a que se interesara por la religión, ya que *las peticiones de la iglesia no eran contestadas.* El abogado reprendía al pastor por no recibir. Dice Finney: "Les oía orar continuamente por el derramamiento del Espíritu Santo, e igual de a menudo confesar que no recibían lo que estaban pidiendo".

Su confesión de que a pesar de orar muchas veces por un avivamiento no lo conseguían, le parecía a Charles tan inconsecuente, que una vez en una de aquellas reuniones, cuando le preguntaron si quería que se orara por él, el abogado director del coro se levantó y expresó: "Supongo que necesito que se ore por mí, pero no me parece que se adelantaría nada con que lo hicieran ustedes, ya que siempre están pidiendo, pero no reciben. Desde que estoy en Adams, les he oído orar por un avivamiento religioso, y todavía no lo tienen".

En otra ocasión, les dijo: "Desde que asisto a estas reuniones, han orado ustedes lo suficiente como para echar al diablo fuera de Adams, si sus oraciones fueran eficaces".

Podía rebatir sus oraciones, pero lo que no podía hacer era refutar el llamado que las Escrituras hacían a su alma mientras las leía en privado en su bufete. Y así, sigue diciendo: "Pero al continuar con la lectura de mi Biblia se me hizo evidente que no oraban con fe. Después de aquella lucha, quedó claro en mi mente que la Biblia era la Palabra de Dios".

Una vez establecido aquello, la batalla de Dios por el alma de Finney estaba ganada.

Capítulo 2

El altar en el bosque

A pesar de las dudas del pastor acerca de si se salvaría o no el director de su coro, un grupo de jóvenes de la iglesia decidió orar por la conversión de Charles; entre ellos se encontraba una señorita que más tarde habría de ser su esposa. Aquellas reuniones de oración continuaron fervorosamente durante algún tiempo, hasta alcanzar su clímax el domingo 7 de octubre de 1821 por la noche, cuando Finney tenía veintinueve años.

Desde algún tiempo atrás, era un discípulo que buscaba, aunque no abiertamente. Se contaba entre aquellos que lo hacían por la noche o en los gabinetes de su propia mente, mientras sus pensamientos y anhelos más profundos estaban cerrados con seguridad a las miradas penetrantes de los demás.

Poco se conoce de lo que sucedió en la iglesia aquella noche, del poder del mensaje del ministro o del tema de éste; pero Charles Finney dice de aquel momento: "Decidí resolver la cuestión de la salvación de mi alma inmediatamente, y que si fuera posible haría las paces con Dios".

El Señor le abrió el camino, haciendo que el lunes y el martes siguientes hubiera poco trabajo en el bufete y Charles tuviera tiempo de buscar a Dios. Dice Finney: "Como si hubiera sido dispuesto así, no estuve muy ocupado ni el lunes ni el martes, y tuve la oportunidad de leer la Biblia y entregarme a la oración la mayor parte del tiempo''.

Su altivo corazón se abrió paso a través del fino caparazón de su resolución cuando llegó el momento de orar y leer. No quería que nadie supiera que estaba buscando al Señor. Hasta entonces había estado dejando abiertamente su Biblia sobre la mesa para que sus clientes pudieran verla; sin embargo, ahora le daba vergüenza que le vieran leyéndola. Así que siempre que oía las pisadas de uno de éstos acercándose a su habitación, escondía el libro; o si alguien entraba inesperadamente, le ponía de manera descuidada los libros de derecho encima, ''para que pareciera que no la había tenido en las manos''.

''No quería ver a mi pastor'', declara Finney, ''no fuera que se diese cuenta de cómo me sentía, pues no tenía la seguridad de que comprendiera mi caso o de que pudiera darme la dirección que necesitaba''.

También se mantenía apartado de los ancianos de la iglesia por la misma razón, y no quería hablar con ninguno que profesara ser creyente.

Pero tenía que orar para aliviar aquella carga que ardía abriéndose camino a través de la superficie de su indiferencia espiritual. Por lo tanto, tapó el ojo de la cerradura de la puerta de su despacho para que el susurro de sus oraciones no se oyera desde afuera.

Sin embargo, ni el orar detrás de un ojo de cerradura tapado, ni el susurrar para llegar ante el trono de Dios, como tampoco el leer a escondidas las instrucciones de la Palabra para los pecadores penitentes, mitigaban las emociones reprimidas de su alma. Así, sigue diciendo: ''Mi convicción aumentaba, pero a pesar de aquello parecía como si mi corazón se endureciera cada vez más. No podía derramar ni una lágrima, ni tampoco orar . . . no lograba dirigirme a Dios en un tono más alto que mi respiración''.

Trató de buscar el rostro del Señor de aquella manera tan disimulada e informal para no despertar las sospechas de otros en cuanto a que era un pródigo cansado de pecar que buscaba el camino a la casa del Padre, pero lo único que aquello hizo fue empeorar su inquietud espiritual.

"Al llegar la noche del martes, me encontraba muy nervioso, y durante la misma vino sobre mí un extraño sentimiento como de estar a punto de morir, y supe que si aquello ocurría me hundiría en el infierno". Era como un hombre cuyos ojos han quedado atrapados en la visión de la condenación eterna, y cuando la luz gloriosa de Dios se abrió paso a través de los oscuros collados de su alma, pudo hablar a otros del abismo de fuego tan vívidamente que éstos intentaron huir de la furia del mismo.

Los mensajes que Dios daría a Finney para que los proclamara se estaban ahora formando en el crisol de su propia experiencia.

Y llegó el alba del miércoles, tras una noche de insomnio y convicción. En el camino del pródigo a su bufete para una sesión con Blackstone, una voz interior le confrontó con las palabras: "¿Qué estás esperando? ¿Estás acaso intentando producir tu propia justicia?"

Sus ojos espirituales se abrieron, y contempló la realidad y plenitud de la redención de Jesús. Sigue diciendo: "Entendí que su obra era una obra terminada, y que en vez de tener o necesitar una justicia propia que me acreditara delante de Dios, había de someterme a Cristo. Me pareció que la salvación del evangelio era un ofrecimiento digno de ser aceptado . . . y que todo lo que se requería de mi parte era que aportara mi propio consentimiento en cuanto a abandonar mis pecados y aceptar a Cristo".

Luego vino de nuevo la voz: "¿Vas a aceptarlo ahora? ¿Hoy?"

A lo que Charles contestó: "Sí, lo aceptaré hoy, o moriré en el intento".

Al norte del pueblo había un bosque donde acostumbraba caminar cuando hacía buen tiempo, y mientras se acercaba a su bufete, su atormentada alma le arrastró hacia aquellos árboles. Sabía que en algún lugar de por allí debía encontrar un altar donde su voz pudiera ser liberada del miedo, y sus emociones acumuladas vaciadas del depósito de su ser.

Sus sesiones con Blackstone, en busca de escapatorias legales para clientes semihonrados, habían terminado, aunque él no lo sabía. Para Finney, aquel día el bufete estaba cerrado, y el Espíritu le condujo al desierto para orar. Aproximadamente a cuatrocientos metros del camino, se adentró profundamente en el bosque para que nadie pudiera verlo u oírlo.

"Encontré un lugar en el que habían caído cruzados unos sobre otros algunos árboles grandes, dejando una abertura entre sí, y me pareció que podía hacer de aquello una especie de cámara secreta, así que me deslicé dentro de aquel lugar y me arrodillé para orar".

Al encontrar su cámara de oración, recordó la promesa que había hecho mientras subía por el cerro hacia el bosque: "Entregaré a Dios mi corazón o nunca volveré a bajar de allí".

Pero su corazón estaba tan frío que no podía orar, y cuando lo intentó se encontró mudo. Así nos lo cuenta él mismo: "No tenía nada que decirle a Dios. Al intentar orar escuchaba el murmullo en las hojas, y me detenía para levantar la mirada por si venía alguien".

La convicción le llevó hasta el borde de la desesperación, y sigue diciendo: "Cuando lo intenté, me di cuenta de que no podía entregar mi corazón a Dios. Mi ser interno se resistía, y comencé a sentir profundamente que era demasiado tarde, que el Señor había renunciado a mí y no quedaba esperanza".

Algunos pasajes vinieron a su memoria dándole

tranquilidad. "Sabía que era la Palabra de Dios, y la voz de Dios lo que me hablaba", dice describiendo aquellas escenas. "El Espíritu parecía hacer énfasis en la idea del texto: 'Porque me buscaréis de todo vuestro corazón'. Le dije al Señor que le tomaría la palabra; que él no podía mentir y por lo tanto estaba seguro de que oía mi oración . . .".

Luchando por salir del laberinto de sus propios pecados y volver a Dios, se agarró a aquellas promesas a medida que las iba recordando. Luego oró, según dice, "Hasta que mi pensamiento estuvo tan lleno que antes de que me diera cuenta me hallaba subiendo a zancadas por la cuesta que llevaba al camino. El asunto de mi conversión no me viene a la cabeza, pero recuerdo que dije con gran énfasis: 'Si algún día me convierto, predicaré el evangelio' ".

Al salir al camino, la paz calmó aquella tempestad que agitaba sus pensamientos, como barcazas sin anclar en el mar de su mente. Así manifiesta: "Mi mente estaba tan perfectamente tranquila que parecía como si toda la naturaleza escuchara silenciosamente".

Había estado orando desde la mañana temprano hasta el mediodía, inconsciente del paso del tiempo. Ahora, mientras andaba, "todo sentimiento de pecado . . . toda conciencia de pecado presente y culpabilidad me había abandonado. El reposo de mi pensamiento era indescriptiblemente grande, y la más profunda tranquilidad espiritual se había apoderado completamente de mí".

Al ir a cenar, se dio cuenta de que su alma, la cual había alimentado con el Pan del cielo, había echado fuera de su cuerpo cualquier apetito por comida material. Como el juez Wright se hubiese ido a comer, Charles, ahora espiritualmente nuevo, bajó su violonchelo y tocó un fragmento sacro. Mientras cantaba, las lágrimas brotaron de los profundos manantiales de su ser. "No podía cantar sin que se desbordara mi sensibilidad", testifica Finney. "Tanto en mis pensamientos como en mis sentimientos había gran dulzura y ternura".

Cuando el anochecer oscureció su despacho de abogado y el juez le hubo dado las buenas noches, Charles fue guiado por el Espíritu a la habitación del fondo para orar. Pocos relatos de conversiones y de bautismos en el Espíritu Santo se pueden comparar a la experiencia gozosa que estaba a punto de ocurrir en aquel cuarto. Pasemos a ese santuario interno mediante su propia descripción: "No había luz en la habitación y, sin embargo, a mí me parecía perfectamente iluminada. Cuando hube entrado y cerrado la puerta, fue como si me encontrara cara a cara con el Señor Jesucristo . . . del mismo modo que podría ver a cualquier otro hombre. No dijo nada, pero me miró de tal manera que me quebranté allí mismo a sus pies. Me parecía que en verdad estaba delante de mí, y caí a sus pies llorando como un niño y bañando éstos con lágrimas mientras derramaba mi alma hacia él".

Aquel estado continuó durante un rato aunque, según dice, no podía recordar nada. Pero cuando interrumpió la entrevista, como él la llama, y volvió a su despacho interior, hacía tiempo que se había consumido el fuego. Sin embargo, la sobrecarga de su alma con un poderoso bautismo del Espíritu no estaba todavía completa, y continúa describiendo los efectos subsiguientes del encuentro cara a cara con Cristo:

"Pero, mientras me volvía y estaba a punto de sentarme cerca del fuego, recibí un poderoso bautismo del Espíritu Santo. Sin esperarlo, el Espíritu de Dios descendió sobre mí de tal modo que parecía pasar a través de mi cuerpo y de mi alma. Podía sentir como si una descarga eléctrica tras otra me atravesaran. En ver-

dad, parecía venir como oleada tras oleada de amor
líquido . . . como el mismo soplo de Dios . . . era como
ser abanicado por unas enormes alas.

"No hay palabras para expresar el amor que se
derramó en mi alma. Lloré en alta voz lleno de gozo y
amor, desbordando los inefables raudales de mi corazón. Aquellas olas vinieron vez tras vez sobre mí,
hasta que recuerdo haber gritado: 'Si estas ondas con-
tinúan pasando sobre mí, me voy a morir . . . no puedo resistir más' ".

Sin embargo, estaba tranquilo, porque dijo: "No le
temo a la muerte".

En aquel estado mental, Dios le enseñó la doctrina
de la justificación por la fe como una experiencia presente: "Ahora podía ver y comprender lo que quería
decir el pasaje: 'Justificados, pues, por la fe, tenemos
paz para con Dios'. Reconocía que desde el momento
en que creí, estando allá arriba en el bosque, todo sentimiento de condenación había desaparecido por completo de mi mente, y desde entonces, no podía sentir
ninguna culpabilidad o reprobación. Mi sentimiento
de culpa se había ido . . . mis pecados se habían ido.
Me sentía justificado por la fe. Me hallaba en un
estado en el cual no pecaba. Mi corazón estaba tan lleno de amor que rebosaba".

Capítulo 3

Defendiendo la causa de Cristo

Aquel día comenzó la carrera de la vida de Charles Finney. Este cerró para siempre sus libros de leyes y abrió la Biblia. De ahí en adelante tuvo un contrato para defender la causa de su Maestro, y las disputas de otros ya no le atraían a las salas de los tribunales de justicia.

No fue por más tiempo socio del juez Wright —o de "Su Señoría", como lo llamaba Finney—, porque se había convertido en coheredero con Cristo, y todo vínculo legal que le atara a una asociación terrena estaba disuelto.

"Finney era el instrumento que Dios quería", escribe A. M. Hills en su biografía del evangelista, "y el Señor usó su derecho soberano para tratar con él espiritualmente de una manera desacostumbrada, equipándolo inmediatamente para un servicio sin igual".

Sin lugar a dudas, no hay paralelo en la literatura de las peregrinaciones espirituales para un bautismo tal del alma recibido juntamente con la conversión, como en el caso de Finney. Aquél fue el método de Dios para prepararle, haciéndole capaz de engendrar un movimiento evangelístico para los tiempos modernos.

El trabajo de salvación de almas de Charles comenzó enseguida. Aquel miércoles por la noche, ya tarde, un miembro del coro vino a su bufete y al ver al abogado llorar, le preguntó: —¿Qué le pasa señor Finney? ¿Le duele algo?

—No —contestó Charles—, sino que estoy tan contento que no puedo vivir.

Saliendo a toda prisa del despacho, el visitante fue en busca de un anciano de la iglesia y lo trajo para ver al abogado. Luego, un tercer amigo entró, y después de escuchar el maravilloso testimonio de Charles, cayó al suelo gritando: "Ora por mí". Este hombre muy pronto aceptó al Señor como su Salvador.

"Aquella mañana (jueves) bajé al bufete, y allí estaba teniendo una renovación de las mismas olas de amor y salvación que me desbordaban. Cuando el señor Wright entró en el despacho, le dije unas pocas palabras acerca de la redención, y él agachó la cabeza. No volví a pensar más en aquello, pero más tarde supe que el comentario que le hice le había traspasado como una espada, y no se recobró del mismo hasta que se convirtió", dice Charles Finney describiendo los comienzos de su tarea de ganar almas.

Al recibir aquel bautismo celestial, no estuvo satisfecho hasta que otros experimentaron la gloria de encontrar a su Señor y Salvador. Lo contaba en cualquier parte adonde iba, y a todo el que pasaba por su camino. Para él, se había convertido en el camino de santidad de Isaías.

—Señor Finney —le dijo un diácono entrando temprano en su bufete aquel día—, supongo que recuerda que mi causa ha de verse esta mañana. ¿Está usted listo?

Fue entonces cuando Charles Finney le dio su memorable respuesta: —Diácono, tengo un contrato con el Señor Jesucristo para defender su causa, y no puedo ocuparme de la suya.

Mirando a Charles sorprendido, el buen hombre,

de un nivel espiritual en cierto modo bajo, replicó:
—¿Qué quiere usted decir?

"Le dije en pocas palabras", escribe Finney, "que me había enrolado en la causa de Cristo, y entonces le repetí que tenía un contrato con el Señor Jesucristo para defender dicha causa, y que debía ir a buscar a otro para atender su pleito, ya que yo no podía hacerlo".

Tan impresionado quedó aquel miembro de la iglesia, que bajó la cabeza y salió caminando despacio hasta el centro de la calle, donde Charles Finney le vio meditar profundamente. Inmediatamente fue a la parte a la que había demandado y arregló el pleito. "Luego se fue a orar", dice el evangelista, "y pronto estuvo en una condición espiritual mucho mejor que la que hubiera tenido nunca antes".

Finney tampoco podía permanecer sentado en su despacho esperando a que la gente entrara para hablarles de su condición espiritual.

"Pronto salí con ímpetu del bufete", expresa, "para hablar con aquellos con quienes me encontrara acerca de su salvación. Tenía la impresión de que Dios quería que predicara el evangelio, y que debía empezar de inmediato. De alguna manera me parecía saber esto con una certeza que sobrepasaba cualquier posibilidad de duda".

Cuando empezó a sentirse bajo convicción, afirma que enfrentó la posibilidad de tener que dejar de practicar la abogacía. "Al principio aquello me turbó; pero ahora, después de recibir esos bautismos del Espíritu, estaba totalmente dispuesto a predicar el evangelio. Aún más, me daba cuenta de que no quería hacer ninguna otra cosa. Ya no tenía ningún deseo de ejercer el derecho, ni sentía la inclinación de hacer dinero. Tampoco estaba hambriento o sediento de ningún tipo de placer o diversión mundanos. Nada parecía poder competir con el valor de las almas, ni ningún trabajo podía ser tan grato como el de presentar a Cristo a un mundo moribundo".

Con aquel sentimiento de "¡ay de mí si no anunciare el evangelio!" grabado por Dios en su ser, salió para hablar con los que pudiera encontrar. Primero fue a la tienda del zapatero, donde un joven estaba defendiendo el universalismo, y Charles, preparado por el Espíritu, dio una réplica. Aquel hombre salió de la tienda, "saltó la valla y se dirigió directo hacia el bosque a través de los campos", y no volvió hasta haber encontrado la transformadora experiencia de Finney.

Por la tarde, fue a casa de un amigo, y al pedírsele que diera gracias por el té, Charles se sintió tan agitado por la necesidad de salvación de dos jóvenes que estaban sentados a la mesa, que empezó a llorar. Uno de ellos, un chico, se levantó corriendo de la mesa y se encerró con llave en una habitación cercana, y "no se le vio hasta la mañana siguiente, cuando salió expresando una bendita esperanza en Cristo. Ha sido durante muchos años un competente ministro del evangelio".

Desde luego, la excitación creció en el pueblo. Unos decían una cosa acerca de la experiencia de Finney, y otros otra muy diferente. La gente se preguntaba: ¿Es sincero? ¿Está mentalmente desequilibrado? Y alguien declaró: "Es una broma. Sólo trata de ver lo que puede hacer creer a los cristianos".

Gale había tenido razón al decir: "Algunos de los jóvenes no se convertirán a menos que Finney lo haga primero". Y expresó sus dudas un poco antes, de que las oraciones de la gente de la iglesia pudieran ganar a Charles.

Los jóvenes se estaban refugiando del sermonear de Gale tras las faldas del abogado. Un hombre le dijo a su piadosa esposa: "Si la religión es verdad, ¿por qué no conviertes a Finney? Si puedes hacerlo, yo también creeré en la religión".

Aquella noche, de común acuerdo, y sin que se hiciera ningún anuncio, la gente del pueblo atestó la iglesia; y allí estaban tanto Finney como el pastor. El evangelista dice de aquel culto: "Nadie parecía estar listo para comenzar la reunión, pero la capilla estaba abarrotada hasta más no poder. No esperé a que nadie lo hiciera, sino que me levanté y empecé diciendo que yo sabía que la religión venía de Dios . . .".

Testificó de lo que había recibido, y su experiencia provocó la siguiente confesión del pastor: "Creo que he entorpecido a la congregación, y la he desanimado cuando me proponían orar por el señor Finney. Luego, cuando oí que se había convertido, no tuve fe para creerlo".

Más tarde, Charles señaló una reunión para los jóvenes de la iglesia, a los que muy pronto vería convertirse uno por uno, "y la obra continuó entre ellos hasta que sólo quedó un inconverso".

Una obra tan notable no podía limitarse tan sólo a Adams, sino que se extendió a otros pueblos donde se informaba regularmente de conversiones. Charles hablaba a todo tipo de personas. A las reuniones vespertinas hubo que añadir una de oración por la mañana. La Palabra de Dios tenía un poder maravilloso, atravesando las almas endurecidas.

Luego, Finney se sintió guiado a visitar a su familia en Henderson, donde su padre le salió al encuentro a la entrada de la casa.

—¿Cómo estás? —le preguntó éste.

—Estoy bien, padre, en cuerpo y alma —contestó—. Pero tú ya eres un hombre mayor, todos tus hijos han crecido y dejado el hogar, y nunca he oído una oración en tu casa.

—Ya lo sé, Charles, entra y ora tu mismo —replicó su padre.

Allá entró el hijo para orar, viendo pronto venir auténticamente al Señor tanto a su padre como a su madre. Durante dos o tres días, Charles Finney se quedó en aquella comunidad hablando libremente con la gente acerca de la condición de sus almas. En poco tiempo la gloria se reveló, y el fuego celestial cayó en la iglesia congregacionalista. Como dice el hermano de Finney, quien estuvo presente en aquella reunión: "Los hermanos y hermanas que estaban arrodillados comenzaron a gemir, a suspirar, a llorar y a agonizar en oración. El diácono (que dirigía la oración) continuaba luchando . . . y cuando acabó, nadie en la sala podía levantarse de sus rodillas; todo lo que podían hacer era llorar y confesar, humillándose todos ellos delante del Señor".

Partiendo de aquella reunión, la obra de Dios se esparció en todas direcciones por aquella ciudad y, como dice Charles Finney, "de este modo se extendió, teniendo como centro Adams, por casi todos los pueblos del condado".

Más tarde, cuando el poder de la conversión golpeó el alma de señor Wright, éste se encontraba en el valle más allá del bosque donde se convirtiera Finney.

"Se paseaba de un lado a otro, cantando tan fuerte como podía; luego daba palmas . . . se paraba y gritaba . . . y volvía a dar palmas". Al volver a la ciudad vociferaba: "¡Ya lo tengo! ¡Ya lo tengo!"

Charles se sintió tan extrañamente fuera de lugar entre los masones después de aquellas reuniones que abandonó la fraternidad. Se había lanzado a una carrera evangelística de la que no podía volverse atrás.

"En referencia al primer año y medio de la vida de Finney después de su conversión", dice G. Fredrick Wright, "se cierne casi tanto misterio como el que

envuelve al correspondiente período en la vida renova-
da del apóstol Pablo".

Ahora estaba listo para trabajar al servicio de su
Redentor. La naturaleza le había dotado de muchas
valiosas aptitudes para realizar las tareas espirituales.
Su físico era resistente, sus movimientos elegantes, su
apariencia sobresaliente. Tenía una voz clara de
extraordinaria flexibilidad. Incluso siendo ya viejo
podía cantar solos. Sus hábitos en la predicación eran
sobrios, y sus entonaciones tan próximas a la perfec-
ción como era posible. Junto con dichas habilidades,
poseía una mente brillante y lógica.

La vida de pionero había completado su carácter,
desarrollando en él una independencia intelectual y
física que habría de llevarle lejos en la obra de Dios.

"En la primavera de aquel año (1822)", explica,
"me puse bajo la supervisión del Presbiterio como
candidato a ministro del evangelio. Algunos de los
pastores me urgieron a que fuera a Princeton para
estudiar teología, pero rehusé".

Cuando le preguntaron por qué no quería hacerlo,
contestó: "Mis circunstancias económicas no me lo
permiten". Los hermanos entonces dijeron: "¿Iría
usted si se le pagan sus gastos?" "No", respondió.
Entonces salió a la luz el motivo real.

"Les expliqué llanamente", dice acorralado finalmente por la razón fundamental, "que no me pondría
bajo una influencia como a la que ellos habían estado
sometidos, que estaba convencido de que habían sido
mal enseñados y que no eran el tipo de ministros que
respondían a mi ideal . . .".

Aquello debe haberles chocado verdaderamente a
los líderes ministeriales, pero haya o no sido así,
Finney no recibiría nada de aquella educación que les
había despojado de su celo espiritual. "Así que nombraron a mi pastor para supervisar mis estudios", con-

tinúa señalando. "Pero éstos, en lo que se refiere a él como mi maestro, no fueron casi nada más que controversia".

Para Charles Finney, los dogmas de Gale eran chapados a la antigua, ásperos y repelentes. Sus ideas acerca del pecado original y de la incapacidad del hombre para buscar la redención eran tan estrictas que el nuevo convertido no podía ver ninguna base experimental para las mismas; así que echó por la borda la doctrina del reverendo.

"No podía admitir aquellas enseñanzas", afirma el bebé en teología, "ni tampoco aceptar sus puntos de vista en cuanto a la regeneración, la fe, el arrepentimiento, la esclavitud de la voluntad y otras doctrinas afines. Sin embargo, yo no era más que un niño en la teología y un novato en la religión y el estudio bíblico; pero pensaba que sus ideas no se apoyaban en la Biblia y así se lo dije".

La mente lógica de Finney le guió a volver a la Palabra de Dios como a la verdadera base doctrinal. Este afirma: "Le pregunté si la Biblia no requería que todos creyeran y fueran salvos".

Gale contestó: "Señor Finney, si continúa usted argumentando y razonando terminará en el error. No debe ser tan testarudo, sino aceptar las enseñanzas de los grandes doctores de la iglesia".

Siendo estudiante de derecho, se le había enseñado a Finney a pensar con precisión, y no estaba dispuesto a dejar de lado la razón para seguir una teología ya elaborada que le ofrecieran los doctores de la iglesia. En el prefacio de su *Teología Sistemática,* veinte años más tarde, expresa: "Tu has sido hecho para pensar, para desarrollar tus facultades de estudio. Dios ha dispuesto que la religión necesitase del pensamiento . . .". El pensar sobre las bases bíblicas sería para él el fundamento de la ciencia teológica.

"A menudo", sigue diciendo el evangelista, "cuando dejaba al señor Gale, iba a mi habitación y pasaba un largo rato de rodillas inclinado sobre mi Biblia. En verdad, la leí mucho en dicha posición durante aquellos días, suplicando al Señor que me enseñara su propio parecer. No tenía otro sitio adonde acudir, sino directamente a la Palabra de Dios". Allí puso los cimientos de todas sus llamadas evangelísticas. En lo sucesivo, ya fuera confrontando a los individuos con el evangelio, predicando a las multitudes o enseñando en el aula, habría de ser un evangelista cuyos dogmas serían el corazón de la Biblia, los cuales lanzaría a las almas de los hombres.

También en otros aspectos de la práctica ministerial, disentía de las opiniones de Gale. Así dice: "Me parecía que sus opiniones eran casi las opuestas a las mías en todas aquellas cuestiones prácticas relacionadas con mi deber como ministro".

El pastor decía: "Escriba y lea sus sermones . . .", y Finney replicaba: "¿Qué se pensaría de un abogado que tuviera que estar en pie ante un jurado y les leyera un ensayo? De seguro perdería su caso".

Cuando se defendía la causa de Cristo, la finalidad del sermón era ganar el caso, y no meramente causar impresión con un pulido ensayo sobre el evangelio.

"Hablaba a la gente como lo haría con un jurado", afirma Charles Finney. "A mi parecer, de todas las causas jamás defendidas, la de la religión era la que menos abogados capaces tenía, y si los juristas de la abogacía hubieran de seguir el mismo procedimiento defendiendo los pleitos de sus clientes que los ministros utilizaban en la defensa de la causa de Cristo con los pecadores, no ganarían ni un solo caso".

Aquellos que le oían predicar decían a menudo: "Parecía como si el señor Finney me hubiera tomado aparte y estuviera conversando conmigo cara a cara".

Su forma de prepararse era mezclándose con la gente "para saber sus anhelos". "Luego", dice, "a la luz del Espíritu Santo, escojo el tema que creo que satisface sus necesidades presentes. Oro mucho acerca del asunto, y entonces voy y lo vierto sobre el auditorio".

Aquella manera de trabajar era tan contraria a la de su maestro, que Gale dijo: "Señor Finney, me dará mucha vergüenza que se sepa, dondequiera que usted vaya, que ha estudiado teología conmigo". Charles Finney "mantenía la cabeza agachada y se sentía desanimado". Más tarde, su pastor cambió este punto de vista y llegó a estar muy orgulloso de su estudiante evangelista, e incluso suavisó sus ideas teológicas adoptando unas en cierto modo similares a las de Finney.

Beardsley escribe: "El evangelista nunca consideró sus sermones, que con tanto poder pronunciaba, como productos de su propio cerebro". Finney dice acerca de ellos: "Si no predicaba inspirado, no sé cómo lo hacía".

Finalmente, una vez completado su insólito curso de preparación ministerial, Charles Finney recibió licencia para predicar por el Presbiterio el 30 de diciembre de 1823, después de haber pasado un año y medio rebatiendo a su preceptor y sintonizando explícitamente su pensamiento con la instrucción del Espíritu.

Se le dieron dos textos, sobre los cuales predicó sendos sermones de prueba delante de los ministros. Esperando una oposición por causa de sus nuevas posiciones doctrinales, quedó sorprendido cuando el voto para otorgarle la licencia fue unánime. El profesor Wright —su primer biógrafo— piensa que dicho voto no se debió al aprecio de los pastores por las ideas de Finney "sino a consideraciones generales de política, y al temor de ser hallados luchando contra Dios".

La clave del temprano ministerio de Charles Finney, así como de su éxito evangelístico, ha de buscarse en "el bautismo del Espíritu Santo, que es indispensable para triunfar en el ministerio". Acerca de esto, escribe:

"Cuando Cristo comisionó a sus apóstoles para predicar, les dijo que esperaran en Jerusalén hasta que fueran investidos de poder de lo alto. Aquel poder era el bautismo del Espíritu Santo derramado sobre ellos. Eso era indispensable para obtener éxito en su ministerio. Sin la enseñanza directa del Espíritu, un hombre nunca progresará mucho predicando el evangelio".

El doctor A. M. Hills —quien tuvo a Finney como profesor en Oberlin—, dice de su incomparable ministerio: "Nuestro pensamiento vuelve a aquellos días cuando oíamos a Charles Finney en la escuela, y siente de nuevo la emoción por su irresistible elocuencia. En aquel tiempo pensábamos que era el príncipe de los predicadores y evangelistas, un juicio que nunca hemos cambiado. Era un hombre de la naturaleza y del desierto, al que la sociedad no había estropeado, y libre de las ataduras que producen las regulaciones de las escuelas: alguien enseñado por Dios y lleno del Espíritu Santo. *Por fin el Señor tenía su gigante*".

Ahora, una vez licenciado, podía defender la causa de Dios formalmente. La Biblia era su principal libro de texto, el Espíritu Santo su profesor, la oración su fuerza, y estaba preparado para salir a declarar que otra gente podía recibir la misma maravillosa experiencia que él poseía. Fundado en una redención conocida de este modo, proclamaba que las personas podían tener el testimonio divino de que habían nacido de nuevo.

El hombre de Dios estaba ahora listo para la tarea designada por su Señor, y pronto se le abriría una puerta por la que entraría: la puerta que conducía a un gran mañana ganando almas.

Capítulo 4

Finney comienza su labor evangelística

Probablemente ningún ministro comenzó su carrera con menos expectativas de éxito y de un futuro brillante que Charles Finney. Se sentía impedido por la falta de una preparación ministerial adecuada, pero decidió ser enseñado por Dios aunque careciera de la enseñanza humana. De este modo salió hacia los lugares menos privilegiados con su mensaje del evangelio.

"Ya que no había recibido una educación formal para el ministerio", expresa él mismo, "no esperaba, ni deseaba, trabajar en pueblos o ciudades grandes, ni ministrar a congregaciones de gente culta. Pensaba ir a las nuevas colonias y predicar en colegios, graneros y arboledas lo mejor que pudiera".

Por consiguiente, después de recibir su licencia para predicar, se hizo cargo de una misión de la Sociedad Misionera Femenina del Distrito Oeste de Nueva York, que estaba situada en el condado de Oneida. La duración de su servicio tendría que haber sido de tres meses, y la región: Evans Mills y Antwerp, dos pueblos del condado de Jefferson separados por unos veintiún kilómetros. Se propuso dividir los domingos entre aquellos dos lugares en los que había dos iglesias: una congregacionalista sin pastor y otra bautista que tenía ministro.

"Presenté mis credenciales a los diáconos de la iglesia", dice Finney hablando de sus comienzos en la obra de Dios, "y éstos estuvieron contentos de verme. Aunque no tenían una capilla, las dos iglesias se alternaban para celebrar sus cultos en un amplio colegio de piedra". Debido a ello, sólo podía trabajar en Evans Mills los domingos en los que los congregacionalistas celebraban el culto, lo cual exigía que fuera a Antwerp los demás, aunque todas las noches era libre de predicar en el lugar de su primera cita.

La marea de las condiciones religiosas estaba bajando. Como dice en una carta: "La iglesia estaba desanimada, y no hacía nada. El querido Sion estaba enlutado. La rebelión contra el bendito Dios, bajo casi toda forma imaginable y en un grado asombroso, saltaba furtivamente a bordo con cara desvergonzada. Las calles resonaban con palabras impías. Mi alma se sentía enferma, y empecé mi labor entre ellos con sencillez señalándoles el desagrado del Todopoderoso por la impía maldad y el desastroso desprecio del evangelio del Hijo amado de Dios".

Su predicación en Evans Mills atrajo la atención desde el principio, porque razonaba con los hombres acerca de sus almas y los confrontaba con un evangelio transformador, aunque no aparecían resultados visibles. Por lo tanto, un domingo por la tarde le dijo a la congregación que estaba disgustado por su desdén hacia la Palabra de Dios.

Leyendo las señales de la dirección del Espíritu, expresó: "Ahora tengo que saber lo que piensan, y quiero que todos aquellos que se vayan a comprometer a hacer las paces con Dios se levanten inmediatamente. Y los que estén decididos a no aceptar al Señor Jesús, y así deseen hacérmelo entender, y también a Cristo, quédense sentados".

Aquello chocó a la iglesia, la cual a menudo había

felicitado al predicador por sus diversos mensajes. "Se miraron unos a otros, y luego volvieron sus ojos hacia mí. Todos se quedaron sentados, como esperaba". Finney habló de nuevo: "Así pues, están decididos. Han hecho su decisión, y rechazado a Cristo y a su evangelio . . . Por lo tanto, pueden recordar mientras vivan que se han declarado contra el Salvador".

La congregación salió del edificio con paso airado, y los pocos que en el auditorio profesaban ser religiosos agachaban sus cabezas avergonzados. Sólo un buen diácono bautista captó la advertencia del Espíritu, y dijo: "Hermano Finney, los ha conmovido. No podrán descansar bajo esa presión, ya verá los resultados". De modo que ambos decidieron pasar el día siguiente en oración y ayuno, una táctica que Charles Finney siempre utilizaba cuando no aparecían resultados espirituales en sus campañas de avivamiento.

Oraron separadamente por la mañana, y juntos por la tarde. Mientras lo hacían, la gente del pueblo iba de un lado para otro sublevada en indignación por las insultantes observaciones del nuevo ministro. "Al caer la tarde, Dios nos dio un gran alivio y la promesa de victoria", dice refiriéndose a la reunión de oración en el bosque donde él mismo y aquel diácono se habían propuesto estar a lo largo de la tarde. Ambos sentíamos la seguridad de haber prevalecido con Dios, y de que su poder se manifestaría entre la gente".

Finney creía que no se podía conseguir nada en una campaña excepto mediante la oración y la ayuda especial del Espíritu. Así que tanto en ésta como en las subsiguientes, se procuró una oración unida por la presencia del Espíritu Santo.

Cuando él y el diácono volvieron de su aposento de oración en el bosque, se encontraron con la capilla abarrotada. Charles Finney no había pensado en el tema sobre el que hablaría, acerca de lo cual dice:

"Eso era algo corriente para mí por aquel entonces". Pero el Espíritu le dio el siguiente texto: "Decid al justo que le irá bien . . . ¡Ay! del impío, mal le irá . . .".

"El Espíritu de Dios vino sobre mí con tal poder", señala, "que fue como disparar una batería sobre ellos. La Palabra de Dios fluyó a través de mí de tal manera que pude ver cómo arrastraba todo a su paso. Era como un fuego, y como un martillo que quebranta la roca".

El efecto fue electrizante, y Finney despidió a la congregación sin darles la oportunidad de orar. Una mujer cayó bajo el poder del Espíritu, pero el evangelista no se entretuvo con aquello. En vez de ir a la casa donde había estado hospedándose, fue a otro lugar sin decírselo a la familia con la que se alojaba. Por consiguiente, durante toda aquella noche, una persona tras otra mandó a buscar a Charles Finney para que fuera a orar por ellos, pero no lo pudieron encontrar.

Un hombre que se había opuesto al avivamiento sufrió un ataque de apoplejía, y cuando el doctor le informó que se estaba muriendo, balbuceó: "No dejen que Finney ore sobre mi cadáver". "Esta", como afirma el evangelista, "fue la última oposición en aquel lugar".

Hubo muchas explosiones de emocionalismo durante aquellas reuniones. Una mujer quedó sin habla y estuvo en trance durante dieciséis horas, "saliendo luego del mismo con un canto de liberación en sus labios". Un hombre llegó a la iglesia armado para matar a Finney, y durante el sermón cayó de su asiento exclamando: "Me estoy hundiendo en el infierno". Incluso los hombres de mayor vigor fueron barridos por el poder del Espíritu hasta quedar tan débiles que sus amigos tuvieron que llevarlos a cuestas hasta sus casas.

Allí, Charles Finney trabó una amistad duradera con un ministro llamado el Padre Nash, a quien antes conociera en el Presbiterio donde fue licenciado. Nash había sufrido un trastorno debido a una inflamación de los ojos que le hizo entregarse por completo a la oración. Como dice el evangelista: "Tuvo una terrible revisión general de toda su experiencia cristiana".

Cuando fue a Evans Mills, estaba lleno del poder de la oración, y transformado en un hombre totalmente diferente al que Finney había conocido. El Padre Nash llevaba una "lista de oración", como él la llamaba, con nombres de personas por las cuales pedía cada día, "y orando con él, y oyendo sus oraciones en la reunión, su don de intercesión me parecía maravilloso, y su fe casi milagrosa", afirma Charles Finney. A lo largo de los años que trabajaron juntos, muchas veces Nash ni siquiera asistía a las reuniones, sino que mientras que el evangelista predicaba, él oraba por el derramamiento del Espíritu sobre éste.

En el pueblo, había un conocido tabernero "cuya casa era el refugio de todos los que se oponían al avivamiento". El predicador y el intercesor lo pusieron en la lista de oración, y una noche el hombre fue a la iglesia, según pensó la gente para alborotar. Tanto así, que algunas personas se levantaron y salieron, asustadas por lo que podía suceder.

Dejemos que Finney nos cuente la historia: "Estaba sentado retorciéndose muy inquieto en su asiento. Al poco, se levantó y me preguntó temblando si podía decir unas palabras, comenzando seguidamente a hacer una de las confesiones más angustiosas que haya oído jamás. Pronto salió profesando una esperanza, abandonó toda parranda e irreverencia, y desde entonces en su establecimiento se celebró una reunión de oración casi todas las noches".

Cerca de Evans Mills, había una comunidad alemana a la que se invitó a predicar al evangelista. Partiendo del texto: "Sin santidad nadie verá al Señor", comenzó a explicar a aquella gente, que no entendía muy bien inglés, lo que era la santidad de corazón y de vida. La convicción barrió la comunidad entera y "el avivamiento dio como resultado la conversión de toda la iglesia, y de casi toda la comunidad de alemanes. Aquél fue uno de los despertamientos más interesantes que jamás haya presenciado".

Tanto la iglesia de Evans Mills como la de Antwerp fueron tan fortalecidas por los avivamientos que cada una edificó su propia capilla de piedra, y como expresa Charles Finney: "Han tenido allí desde entonces una condición espiritual saludable".

El 1º de julio de 1824 —durante el tiempo del avivamiento—, el Presbiterio de San Lorenzo se reunió en Evans Mills y consideró la conveniencia de ordenar a aquel predicador sobre quien el sello de la ordenación de Dios ya había sido estampado. Un hermano sugirió que puesto que la gente se había congregado para escuchar predicar a Finney, sería bueno oírle entonces. El evangelista pensó que aquel buen hermano quería ver lo que podía hacer en forma espontánea, así que se levantó, y tomando el texto: "Sin santidad nadie verá al Señor", procedió a predicar a la congregación un sermón formal acerca de los resultados de la santidad espiritual.

De aquella manera tuvo lugar el culto de ordenación. En sus Memorias, Finney lo pasa por alto con una frase: "Se convocó al Presbiterio para ordenarme, *lo cual hicieron*". Era un sello más alto el que buscaba sobre su vida para ganar almas: el del Espíritu Santo, el cual se afanaba conscientemente por tener cuando se levantaba a proclamar "las inescrutables riquezas de Cristo".

Cuando Charles Finney empezó a realizar aquellos

trabajos se encontraba débil en su cuerpo —incluso sus pulmones estaban tan enfermos que esputaba sangre— y se pensó que no viviría mucho. Gale le advirtió que sólo debía predicar una vez por semana, y no más de media hora seguida.

Al final de esos seis meses de labor misionera —a lo largo de los cuales predicó una vez al día—, su salud fue restaurada, sus pulmones sanaron y predicaba sin fatigarse en lo más mínimo. Muchos de aquellos sermones duraban dos horas.

El mismo dice acerca de esos días: "Predicaba al aire libre, en los graneros y en los colegios. Un glorioso avivamiento se extendió por aquella región del país".

Muchos de sus compañeros de ministerio le acusaban de rebajar la dignidad del púlpito, pero Finney replicaba: "Cuando tengo que predicar el evangelio, estoy tan ansioso de ser plenamente comprendido que estudio con el mayor ahínco para expresar mis pensamientos en el lenguaje más sencillo posible".

Cuando algunos de los ministros le preguntaban: "¿Por qué no ilustras el sermón con acontecimientos de la historia antigua?", respondía: "Mi objetivo no es el de cultivar un estilo de oratoria que pueda elevarse por encima de las cabezas de la gente; por lo tanto, no uso ningún lenguaje que convenga a ese fin".

En ciertas ocasiones, cuando otros pastores le instaban a que predicara como lo hacían ellos, decía: "Muéstrenme un camino más excelente. Muéstrenme los frutos de su ministerio, y si de tal manera exceden a los míos, que den prueba de que han encontrado una manera mejor, aceptaré sus ideas. No puedo nunca adoptar su forma de predicar el evangelio hasta tener una evidencia mayor de que ustedes están en lo cierto y yo equivocado".

Cuando pasó a Antwerp, después de que el avivamiento de Evans Mills siguiera su curso, se encontró con que la llave de la iglesia estaba bajo la custodia del tabernero, quien se negaba a abrir el edificio, así que se trasladó la reunión al colegio. Pero el hombre de Dios se entregó a la oración, y aunque "la atmósfera parecía envenenada", la contestación del cielo le vino en las palabras: "No temas . . . porque tu Dios estará contigo . . . Porque yo tengo mucha gente en esta ciudad".

El domingo, Charles Finney se levantó temprano y fue al bosque, ya que se daba cuenta de que debía *provocar el avivamiento mediante la oración*. Durante aquella mañana, volvió a dicho bosque a orar por tres veces, antes de sentirse listo para comenzar el culto. Más tarde se encontró el colegio atestado de gente.

Hablando sobre Juan 3:16, dijo: "Ustedes parecen aullar blasfemias por las calles como los cancerberos del infierno". El auditorio, sabiendo que aquello era verdad, se encogía al oír sus palabras. Casi no había ojos secos en la congregación, y finalmente el custodio de la llave se levantó y prometió que por la tarde abriría la capilla.

Según afirma Finney, todo el mundo asistió al culto de la tarde.

"De un modo maravilloso, el Señor me dio libertad para hablar. Mi predicación les parecía algo nuevo. En verdad era como si pudiera hacer llover sobre ellos granizo y amor . . . granizo con amor". Una gran convicción cayó sobre el lugar, y antes de que acabara el avivamiento, el mismo éxito espiritual que se había obtenido en Evans Mills también se consiguió allí.

Luego, oyó acerca de Sodoma, un pueblo próximo, donde los habitantes eran malvados y al único hombre bueno de la ciudad le llamaban Lot, y fue allí para celebrar un culto por la tarde. Por una extraña coincidencia, Finney escogió el texto: "Levantaos, salid de este lugar; porque Dios va a destruir esta ciudad".

Ignorando por completo las circunstancias, describió a la antigua Sodoma y el papel de Lot en aquella ciudad del pasado lejano, y luego disparó sus cañones evangélicos sobre la congregación.

"La gente se miraba entre sí como airada", relata, "y luego me miraba a mí, y su ira iba en aumento mientras yo continuaba. Después empezaron a caer de sus asientos clamando por misericordia. Aunque hubiera tenido una espada en cada mano, no los habría podido separar de sus asientos tan de prisa. En verdad, casi toda la congregación estuvo ya fuera de rodillas o postrada ... en menos de dos minutos. Cada uno pedía por sí mismo —eso, los que podían proferir alguna palabra".

Sigue diciendo que tuvo que dejar de predicar, porque nadie prestaba ya atención a su mensaje. Los lamentos espirituales se elevaban desde cada rincón, y cuando Finney se fue para cumplir con su siguiente compromiso aquella noche, las oraciones llenaban sus oídos con las alegres nuevas de la redención.

Años más tarde, un nieto del anciano a quien llamaban Lot, se graduó de Oberlin bajo la instrucción de Charles Finney, y entró en el ministerio como lo había hecho su padre antes que él. Ambos se convirtieron en aquel culto en la ciudad de Sodoma.

Un anciano que asistió al avivamiento de Antwerp, vivía a unos ocho kilómetros del pueblo, en una comunidad de universalistas. Los habitantes de ese lugar, a causa de su odio hacia el evangelio de Finney y a la religión de dicho anciano, quitaban las ruedas del coche de éste para que no pudiera ir a los cultos. Por lo tanto, el hombre invitó al evangelista a predicar en su comunidad.

El primer sermón de Charles Finney giró en torno al adecuado texto: "¡Serpientes, generación de víboras! ¿Cómo escaparéis de la condenación del infierno?" El Espíritu de convicción cayó sobre la congregación, y antes de que terminaran aquellas reuniones hubo un "trastorno completo de los cimientos del universalismo. La escena casi igualó a la de Sodoma".

De esta manera, el espíritu de avivamiento penetró tan espléndidamente hasta el último rincón de las comunidades circunvecinas, que el evangelista no tuvo ni siquiera tiempo de celebrar su matrimonio de la forma tradicional. Después de acabar su período de seis meses como misionero evangelista nacional, prometió a la gente de Evans Mills que viviría allí durante un año.

Habiéndose comprometido previamente con Lydia Andrews, una señorita de buena reputación, que vivía en el condado de Oneida, tomó vacaciones de sus cultos evangelísticos para casarse con ella en octubre de 1824. Lydia era una de las personas que habían estado orando por la conversión de Charles, y que tomaron la salvación de éste como un asunto de vital interés. El evangelista dice poco acerca de su boda, y nada en cuanto a su noviazgo.

"Mi esposa había hecho los preparativos en cuanto a la casa", señala, "y un día o dos después de nuestra boda, la dejé y volví a Evans Mills para conseguir un vehículo en el cual transportar nuestras pertenencias hasta aquel lugar. Le dije que podía esperar mi regreso para dentro de una semana".

Pero Finney había sembrado las semillas de un creciente avivamiento en Perch River, a unos veinte kilómetros de Evans Mills, y mientras iba por el transporte, un mensajero llegó a prisa hasta él con una petición de que aligerara sus pasos hacia la comunidad para el culto. A dicho culto siguió otro y otro, hasta que pasó la semana y todavía no había vuelto a buscar a su solitaria esposa.

Tampoco puede uno culparle demasiado por ello,

ya que "el avivamiento se extendió varios kilómetros en dirección a Brownsville, un pueblo importante". El pastor de aquella ciudad requirió los servicios de Charles Finney, quien fue obediente a la llamada de su Maestro, y explica: "Pasé el invierno allí, habiendo escrito a mi esposa que según estaban las circunstancias, debía aplazar el ir a buscarla hasta que Dios pareciera abrir el camino".

El profesor G. Fredrick Wright dice de aquel incidente: "Sería cometer la injusticia más terrible con Finney, el atribuir aquella larga separación de su esposa, tan pronto después de la boda, a cualquier indiferencia sentimental. Esta se ha de tomar puramente como una indicación de la fuerza de su devoción hacia el trabajo ministerial al que se sentía llamado, ya que a lo largo de su vida estuvo dedicado devotamente a su familia . . .".

Llegó la primavera y el evangelista partió en busca de su esposa, que se encontraba a unos ciento sesenta kilómetros de allí; pero al aflojársele una herradura a su caballo, tuvo que parar en LeRaysville para que se la fijaran otra vez. Esto ocurrió alrededor del mediodía, y la gente, al saber quien era, le rogaron que se quedara y predicara a la una en punto; a lo que accedió. El Espíritu de gloria cayó sobre aquel auditorio, y Finney, reconociendo las señales de Dios, pasó la noche allí. Tan grande fue el interés y las oleadas de redención, que el evangelista no pudo ponerse en marcha, así que envió a otro hombre para que trajera a su esposa.

Este sacrificio, tan característico de Charles Finney, ganó a una gran cantidad de gente para el reino de Dios, entre ellos se contaba el juez principal de la comunidad.

Capítulo 5

Los avivamientos como resultado de la oración

Mientras Finney oraba, Dios le reveló que debía ir al pueblo cercano de Gouverneur.

"No sabía nada de aquel lugar", dice el evangelista, "excepto que allí había mucha oposición al avivamiento de Antwerp. Nunca he podido comprender cómo o por qué el Espíritu Santo me dio aquella revelación; pero supe entonces, y no tengo la menor duda hoy, de que ésta era directamente de Dios para mí . . . Pero en la oración se me mostró el asunto tan claro como la luz del día . . . que el Señor derramaría su Espíritu allí".

Esto es característico de las inspiraciones espirituales de Charles Finney. Aprendió a esperar en Dios hasta que los planes divinos se le abrían a su entendimiento, y luego actuaba sin pérdida de tiempo. Poco después, vio a un hombre de Gouverneur y le habló acerca de aquella revelación, rogándole que hiciera correr la voz entre los hermanos de que pronto estaría allí y de que se prepararan "para el derramamiento del Espíritu del Señor".

Aquél parecía ser un paso marcado por un atrevimiento injustificado, un paso de fe que el hombre de Dios nunca dejaba de dar cuando era movido interiormente por el Espíritu. La religión de aquel lugar estaba en una condición muy baja, y el mensajero mismo "tan frío como un témpano de hielo".

Cuando hubo terminado la redención de almas en el avivamiento de LeRaysville, en el tiempo determinado por el Espíritu Santo, Dios le dijo: "Vé a Gouverneur". La hora había llegado. Primeramente, Finney envió a su compañero de oración, el Padre Nash, delante de él para preparar a la gente para su llegada; y en el momento señalado, después de mucha oración por parte de los dos obreros, "hubo una asistencia masiva de la comunidad".

Dios le dio a Finney su primer texto, y éste subió al púlpito y, según sus palabras, "derramé mi corazón. La Palabra tuvo un efecto poderoso". Esta dependencia del Espíritu hizo que el evangelista nunca fallara su blanco con los textos y mensajes. Adoptó la práctica de, antes de subir al púlpito, bañar su alma en la oración, rechazando en la misma todo esquema mental que interfiriera, para que el camino a su propia mente pudiera estar completamente abierto a los susurros del Espíritu Santo.

A la mañana siguiente, un doctor universalista desafió a Charles Finney a un debate religioso. El evangelista aceptó allí mismo, en una sastrería. Los argumentos iban de acá para allá, consiguiendo pronto Finney sobrepasar a su oponente, hasta que los amigos de éste salieron inadvertidos de la tienda dejando al hombre solo. Por último, el doctor fue derrotado y se marchó directamente a su casa a pasearse de un lado para otro mientras el Espíritu de convicción de Dios desafiaba, no sólo sus argumentos, sino también la carrera descendente de su alma.

"Su agonía se hizo intensa", dice el evangelista. "Luego, renunció a sus convicciones, y poco después expresaba su esperanza en Cristo". Unos días más tarde, sus compañeros —entre quienes llevaba la voz cantante—, también fueron alcanzados, y el avivamiento hizo una limpieza a fondo en todos ellos. En el mismo pueblo, un grupo de jóvenes formaron una banda para terminar con la campaña, pero el Padre Nash tomó el asunto en sus manos y bajo la inspiración de Dios, dijo: "Ahora, préstenme atención jóvenes, el Señor les desbandará en una semana, ya sea convirtiendo a algunos de ustedes o enviándolos al infierno . . .".

Finney se sintió algo inquieto por causa de la aparentemente atrevida predicción de Nash, y habría hablado con aquel hombre de oración; pero poco después se comprobó la verdad de su denuncia, al aceptar a Cristo uno de aquellos jóvenes, siguiéndole pronto el resto.

Este Nash, compañero de oración de Finney, demostró ser de gran utilidad en la campaña, a pesar de que en cada caso en que se entregaba a la oración, sus oponentes decían: "Le resulta imposible orar en secreto, ya que se le puede oír a ochocientos metros de distancia". Pero interceder, intercedía . . . hasta que los cielos se abrían y de ellos llovían gloria y avivamientos. En cierta ocasión, un hombre le oyó orar desde muy lejos, y quedó bajo tal convicción de pecado que pronto buscó el rostro de Dios para obtener su gracia redentora.

Una vez convertida la mayoría de la gente de Gouverneur, Charles Finney pasó a Dekalb, veinticinco kilómetros más al norte, donde los metodistas habían tenido en otro tiempo un avivamiento en el cual mucha gente cayó bajo el poder divino. Como sus vecinos presbiterianos se burlaron de aquello, desde entonces existía animosidad entre los dos grupos.

Finney dice de aquella campaña: "No había predicado mucho allí, cuando una noche, acabando ya mi sermón, observé a un hombre caer de su asiento cerca de la puerta . . . Por lo que pude ver, quedé satisfecho de que se tratara de un caso de caer bajo el poder, como dirían los metodistas, y supuse que el hombre sería uno de aquellos. Pero al inquirir, supe que era uno de los miembros más destacados de la iglesia presbiteriana . . .".

Lo notable fue que durante aquel avivamiento hubo varios casos de presbiterianos que cayeron bajo el poder, pero ninguno de metodistas. Desde luego aquello sanó la herida entre los dos grupos, trabándolos en una unidad de combate para pelear la batalla de Dios bajo el liderazgo de Charles Finney.

Un católico romano, que vino de Ogdensburg para tomarle las medidas al predicador con objeto de hacerle unas prendas de vestir, se convirtió en el acto, y aquello extendió el avivamiento en todas direcciones. Finney no tenía oportunidad de predicar, ya que por todas partes había gente buscando del Señor. Varias personas vinieron del pueblo del sastre y se convirtieron, y al volver a su ciudad esparcieron aquel fuego santo.

"Lo único que podía hacer Charles Finney era quedarse sentado", dice A. M. Hills, "y ver la salvación de Dios, por el mover espontáneo del Espíritu Santo trayendo convicción y convirtiendo a los pecadores".

En octubre de 1825, el evangelista asistió con su esposa al Sínodo de Utica, donde se le abrió de par en par una puerta para su ministerio. Pero antes de partir para la conferencia, tuvo una experiencia maravillosa. Mejor es que él mismo la cuente en sus propias palabras:

"Sin la oración, no podía hacer nada. Incluso si por un día o una hora perdía el espíritu de gracia y súplica, no podía predicar con poder y eficiencia, ni ganar almas mediante la conversación personal. Durante varias semanas antes de ir al Sínodo estuve inquieto en gran manera en la oración, y tuve una experiencia en cierto modo nueva para mí.

"Me encontraba tan preocupado y abatido por el peso de las almas inmortales, que era constreñido a orar sin cesar. Algunas de mis experiencias verdaderamente me alarmaron. A veces venía sobre mí un espíritu de importunidad para que orara a Dios diciéndole que él había prometido contestar a la oración y que no podía negarme lo que pedía, ni tampoco lo haría. Estaba tan seguro de que me oiría, que con frecuencia me encontraba diciéndole: 'Espero que no pienses que se me puede negar. Vengo con tus fieles promesas en mis manos, y no me lo puedes negar'. Mi impresión era que la respuesta estaba muy próxima, a la misma puerta, y me sentía fortalecido en la vida divina, dispuesto para un poderoso conflicto con los poderes de las tinieblas, y esperando ver pronto un derramamiento del Espíritu de Dios todavía mucho más poderoso".

Tampoco decepcionó el Señor a su suplicante discípulo, porque pronto se abrirían para éste esferas más amplias de utilidad espiritual.

En el Sínodo, Finney se encontró con el pastor Gale —por aquel entonces con una salud quebrantada—, quien le pidió que visitara su casa de campo cerca de Western donde ahora vivía, y donde la iglesia presbiteriana estaba sin pastor. El evangelista llegó allí a tiempo para la reunión de oración a mediados de la semana, cuando los ancianos lanzaban a Dios largas y estériles peticiones. Aquello enardeció el corazón de Charles Finney, quien dice: "El Señor me inspiró para darles una terrible reprimenda . . . Todos lloraron, confesaron y quebrantaron sus corazones delante de Dios".

Se le rogó que se quedara a pasar el domingo, y el viernes el Espíritu incitó su pensamiento en gran manera; por consiguiente estuvo todo el día en ora-

ción. Al llegar el día del Señor, la capilla estaba abarrotada, y "Dios bajó con poder sobre la gente", quienes comprendieron que el avivamiento era para ben-
decirlos. El evangelista hizo planes para predicar en
diferentes partes del pueblo, y se repitieron las asombrosas experiencias de los avivamientos anteriores.

Las noticias de aquellas reuniones llegaron hasta
una ciudad llamada Roma, donde era pastor Moses
Gillett. Después de oír a Charles Finney en Western,
Gillett dijo: "Hermano Finney, me parece como si
tuviera una nueva Biblia. Nunca antes comprendí las
promesas como ahora". Aquello dio a entender al
evangelista que Dios preparaba una poderosa sacudi-
da en Roma, así que hizo volver allí al pastor para
echar los cimientos de la misma fijando una reunión
para hacer planes, en la que el Espíritu cayó con gran
poder.

Finney dice de la campaña en Roma: "Sería imposible para alguien que nunca haya presenciado una
escena semejante, el comprender cuál es a veces la
fuerza de la verdad bajo el poder del Espíritu Santo.
De cierto se trataba de una espada de dos filos". El
estado de cosas era extraordinario. La gente empeza-
ba a llamar al evangelista y al pastor de todas direcciones para que oraran por ellos. Algunos hombres
fuertes fueron tomados por el Espíritu Santo como si
fueran niños. Las reuniones se alargaron hasta la
medianoche, y el palacio de justicia, donde se celebraban los cultos, se llenaba hasta los topes una y otra
vez cada día. Los pastores de los pueblos vecinos
venían apresuradamente llenándose de temor reverente y asombro por lo que veían.

Habían soñado con aquellas mareas de avivamiento glorioso barriendo su tierra, y al verlas ahora se elevaba en gran manera su esperanza en Dios. Casi todos
los profesionales y la gente destacada de la ciudad

abrazaron la religión. Un opositor cayó muerto durante aquel tiempo, y toda la congregación de Gillett se convirtió, informándose de que en veinte días, quinientas personas fueron alcanzadas para el reino en Roma.

La historia corrió hasta Utica, donde la emoción por los resultados en cuanto a la transformación de almas se intensificó. Un ciudadano importante de aquella ciudad, que era banquero, dijo la primera vez que oyó a Finney: "Ese hombre está loco, y no me sorprendería si prendiera fuego a la ciudad". Se negó a asistir a las reuniones, pero más tarde afirmó a los administradores del banco: "Digan lo que quieran, pero hay algo muy notable en el estado de cosas en Roma. Ciertamente ningún poder o elocuencia humanos han producido lo que vemos allí . . . Ese estado emocional no se puede atribuir a ninguna filosofía, a menos que haya en ella algo divino". Poco después se convirtió.

Aquellos relatos de Roma produjeron un espíritu de oración en Utica, donde la gente buscó al Señor durante días enteros. El avivamiento estalló en un funeral celebrado por Samuel Aiken, pastor de la iglesia presbiteriana de la ciudad, por lo que Finney trasladó su base de operaciones de Roma a Utica. En poco tiempo se informaba de quinientos convertidos más, y el principal hotel de la ciudad llegó a ser el centro del poder de avivamiento, donde los transeúntes, al detenerse, se convertían antes de seguir su camino.

El doctor Aiken dice: "El número probable de convertidos en Utica es alrededor de quinientos. Más de cien se han unido a la Primera Iglesia Presbiteriana; otros están con los metodistas y los bautistas . . . Unos pocos individuos han discrepado con sus hermanos acerca de la conveniencia de algunas medidas, pero ninguno tan endurecido en incredulidad como para no adorar y regocijarse en esto".

Una arrogante maestra de escuela vino de cierto pueblo cercano para ver con sus propios ojos los resultados de los avivamientos de Finney. Picada por la curiosidad, pronto estaba esperando para orar, y después de su espléndida conversión, se casó con un tal Gulick quien más tarde llegaría a ser misionero en las Islas Sandwich, donde juntos hicieron una excelente labor para Cristo.

Entre los convertidos de Utica se encontraba Theodore Weld, quien luego se haría famoso en los círculos que combatían la esclavitud. Por aquel entonces era un estudiante de Hamilton, y al oír a Finney denunció su labor como fanática y jactanciosa. El evangelista habló sosegadamente unas palabras con el joven acerca de su redención, y luego le dejó a su conciencia. Aquella noche, Weld se paseaba de un lado para otro en medio de la agitación de su alma, para terminar calmando la tempestad espiritual en confesión y sumisión al Cristo de Finney.

Durante la campaña de Utica, el Presbiterio de Oneida se reunió en la ciudad del avivamiento, y un ministro dio un violento discurso denunciando tales explosiones evangelísticas. Algunos de los hermanos se entregaron celosamente a la oración, temiendo los desagradables resultados de un ataque parecido, y suplicaron que la mano divina girara las ruedas del destino para que se pudieran contrarrestar los efectos de aquel discurso. A la mañana siguiente, el predicador que osó desafiar así la palabra del Espíritu Santo murió mientras dormía.

Una tarde en que Finney predicaba en New York Mills, una comunidad textil en las afueras de Utica, su cuñado le pidió que visitara la fábrica de algodón de la que era encargado. Cuando el evangelista entró en la fábrica, observó a una chica que estaba intentando atar con sus dedos una hebra rota; ésta se turbó, y finalmente rompió a llorar.

"Cuando llegué a tres o cuatro metros de ella", dice, "la miré de un modo solemne. La joven se dio cuenta y se sintió muy abrumada; luego cayó al suelo y se echó a llorar. El mismo sentimiento se extendió por toda la fábrica, así que el propietario dijo al supervisor: 'Pare el trabajo y deje que los empleados se ocupen de la religión, porque es más importante que se salven nuestras almas que el que esta fábrica siga funcionando' ".

¿Cuál fue el resultado de aquello? Finney dice que nunca asistió a una reunión tan poderosa: "El avivamiento recorrió la fábrica con un poder asombroso, y en pocos días casi todos se habían convertido". Cientos de personas trabajaban en aquella industria. Fue un misericordioso diluvio de Pentecostés el que sopló allí sobre ellos, como creado por la piadosa presencia de Charles Finney guiada por el Espíritu Santo.

Desde Roma y Utica, durante aquel verano, Finney predicó en las comunidades circundantes, y un informe dado por un pastor presbiteriano afirma que no menos de tres mil conversiones ocurrieron en aquel período. Ocho meses más tarde no se había comunicado ningún caso de apostasía entre aquel número.

En sus Memorias, el evangelista se detiene lo bastante describiendo aquellos notables resultados como para dejar entrever los mensajes que Dios usó.

"Las doctrinas que prediqué en aquellos avivamientos fueron las mismas que siempre utilizaba", destaca, ". . . urgíamos al deber de una inmediata rendición a Dios. Les decíamos que el Espíritu Santo estaba pugnando con ellos para inducirles a que entregaran sus corazones, que creyeran y que comenzaran de inmediato una vida de devoción a Cristo . . .

"Les advertíamos que corrían el riesgo de contristar al Espíritu de Dios y hacer que se fuera, e insistíamos en una inmediata sumisión como lo único que el Señor podía aceptar de ellos, explicando que cualquier aplazamiento, bajo el pretexto que fuera, constituía una rebelión contra Dios. Llegó a ser algo muy corriente bajo mi predicación, que algunas personas se convirtieran al cabo de unas pocas horas y a veces de unos pocos minutos.

"Tales conversiones repentinas eran inquietantes para mucha buena gente, quienes predecían que los convertidos apostatarían . . . Pero el tiempo demostró que entre aquellas súbitas decisiones estaban algunos de los creyentes más influyentes que hubiera habido nunca en esa región del país. Esta ha sido mi experiencia a lo largo de todo mi ministerio".

En el verano de 1826, el avivamiento de Utica atrajo la atención del doctor Dirck Lansing, pastor presbiteriano de Auburn y uno de los fundadores del seminario del mismo nombre, quien insistió al evangelista para que fuera a aquella ciudad, lo cual hizo "predicando con gran poder y un éxito notable".

A dicho avivamiento asistió un médico, anciano de la iglesia, quien fue derribado al suelo al venir sobre él el Espíritu Santo. También un universalista instigó una disputa entre los asistentes, y antes de que pasara mucho tiempo, Finney se levantó, sin ninguna premeditación, y fue guiado a hablar sobre el texto: "Dejadnos solos". El hombre fue conmovido por el Espíritu Santo, cayó al suelo y gritó de una manera espantosa hasta que Cristo le otorgó bendita paz a su abatida alma.

La iglesia era mundana en su atavío, y se conformaba a la vestimenta de diseños pecaminosos. Después de uno de los sermones de Charles Finney, el doctor Lansing se levantó y suplicó a su gente que volviera a Dios. Finney le detuvo diciendo: "Señor Lansing,

no creo que tales comentarios de su parte hagan ningún bien mientras usted vista una camisa con volantes y un anillo de oro, y su esposa y las señoras de su
familia estén ahi sentadas como líderes de la moda
actual".

El pastor aceptó la represión, se retiró del púlpito
y lloró como un niño. La gente agachó las cabezas, y
bajo el gemir de sus sollozos, el Espíritu Santo se
movió sobre ellos. Hubo una confesión pública de la
iglesia, guiándolos su pastor al decir: "Si estas cosas
son una ofensa, no vestiré así".

El ministro de la ciudad de Troy, el doctor N. S. S.
Beman y la junta de su iglesia presbiteriana, invitaron
a Finney a trabajar con ellos durante el otoño y el
invierno de 1826-1827. Fue allí donde finalmente la
oposición a la obra del evangelista se definió. Algunos
de los miembros pensaban que Charles Finney permitía el fanatismo y el emocionalismo espiritual para
controlar sus avivamientos, y que hacía surgir movimientos los cuales eran demasiado turbulentos y emo-
cionalmente agitados para que se les concediera un
lugar en la labor del evangelio.

Sin embargo, a pesar de aquellas diatribas, Finney
seguía predicando con la unción divina. Tales ataques
fueron acentuados por el hecho de que la esposa del
pastor era una arpía y causaba mucha confusión entre
la gente. Algunos descreídos notables de la ciudad fueron segados como el heno ante las manifestaciones del
Espíritu Santo, y tanto los justos en su propia opinión
como los escépticos de la comunidad quedaban bajo
convicción.

Uno de los convertidos —por aquel entonces un
muchacho de quince años—, le dijo a Charles Finney:
"Quedé completamente envuelto en el sermón, y éste
me arrastró consigo . . . Entregué mi todo a Cristo".
Aquel mozalbete era John T. Avery, quien más tarde

llegaría a ser un famoso evangelista y a ganar millares de almas para su Redentor.

La gloria de Troy se extendió hasta la ciudad de Nuevo Líbano, donde a pesar de la oposición dentro de las filas de la iglesia, y de los ataques externos del diablo, tuvo lugar un gran despertamiento espiritual. Allí la oposición a las medidas de los avivamientos de Finney llegó a una súbita y sombría culminación.

Capítulo 6

La oración a través de las nubes de oposición

Las nubes de la creciente oposición a los métodos y medidas de Finney ensombrecían el horizonte de su trabajo. Durante algún tiempo, éstas habían ido apareciendo, hasta que finalmente el alma del evangelista fue tan conmovida por el Espíritu Santo que buscó refugio en la oración.

El Padre Nash, en una carta fechada el 11 de mayo de 1826, dice: "La obra del Señor avanza poderosamente en algunos lugares, enfrentándose a una molesta oposición. Nos han quemado en efigie al señor Finney y a mí. Hemos sido disturbados con frecuencia en nuestras reuniones religiosas, y algunas veces los opositores alborotan en la casa de Dios . . . Hay casi tantos escritos, tantas intrigas, mentiras y divulgación de las mismas como si nos encontráramos en la víspera de una elección presidencial . . . Pero pienso que la labor continuará".

Sus enemigos enviaban a la prensa falsas acusaciones. Se afirmaba que las reuniones de Finney eran ruidosas y se alargaban hasta unas horas irrazonables; que sus oraciones eran irreverentes y el lenguaje de su púlpito áspero; y que se permitía que las mujeres oraran en reuniones donde había hombres. Se acusaba al evangelista de adoptar medios tales como el cuarto de búsqueda en la oración, el poner ansiosos a los oyentes, y el repartir volantes o folletos para patrocinar su trabajo.

Mientras tales nubes ennegrecían su cielo, Charles Finney sintió una urgencia divina de orar para que desaparecieran. No dijo nada —ni pública, ni privadamente—, acerca de las acusaciones, sino que sólo miró al Señor esperando dirección y guía.

"Busqué a Dios con gran seriedad, día tras día, para que me dirigiera", dice el evangelista, "pidiéndole que me mostrara la senda del deber y me diera gracia para resistir bien la tormenta . . . El Señor me hizo ver como en una visión lo que tenía por delante. Se acercó tanto a mí mientras estuve en oración, que la carne me temblaba literalmente sobre los huesos. Me sacudía de la cabeza a los pies bajo el profundo sentimiento de la presencia de Dios.

"Al principio, y durante algún tiempo, parecía estar más en la cima del Monte Sinaí, en medio de todo su estruendo, que en presencia de la cruz de Cristo. Nunca en mi vida sentí tan reverente temor, ni me humillé tanto delante del Señor, como entonces . . .

"Después de un tiempo de gran humillación delante de él, vino un magnífico levantamiento. Dios me aseguró que estaría conmigo y me sostendría, que ninguna oposición prevalecería contra mí, y que no debía hacer nada en relación a aquel asunto, sino seguir con mi trabajo y esperar la salvación del Señor.

"El sentimiento de su presencia, y todo lo que sucedió entre mi alma y Dios en aquel tiempo, no lo podré describir nunca. Me guió a estar perfectamente confiado, a ser totalmente benévolo, y a no tener nada que no fueran los sentimientos más afectuosos hacia todos los hermanos que estaban engañados y se disponían contra mí en orden de batalla. Me sentía seguro de que todo terminaría bien, y de que el verdadero curso a seguir era dejarle todo al Señor y continuar con mi trabajo. Cuando la tormenta cobró fuerza y la oposición aumentó, nunca, ni por un momento, dudé acerca del resultado. Jamás pasé una hora en vela pensando en aquello, a pesar de que según toda apariencia externa, era como si las iglesias del país en su totalidad se fueran a poner de acuerdo para excluirme de sus púlpitos".

Sólo con aquella seguridad pudo Finney seguir predicando la libertad de Cristo a los encadenados por el pecado. Las nubes tormentosas crecieron mientras trabajaba en Auburn y Troy, llegando a alcanzar toda su fuerza cuando estaba evangelizando en Nuevo Líbano. Es curioso que de toda la gente, fueran los ministros quienes hubieran de llevar la bandera de la oposición. Sin embargo, así sucedió en aquel caso; aunque de ninguna manera trataba Charles Finney de hacerles la competencia en sus iglesias, ya que su deseo principal era trabajar allí donde otros no irían.

"Cuando el señor Finney y yo comenzamos nuestra carrera, no pensábamos trabajar entre los pastores", dice el Padre Nash, "nuestra mayor ambición era llegar adonde no hubiera ministro ni reforma, e intentar buscar las ovejas perdidas de las cuales nadie se preocupaba. Empezamos y el Señor nos prosperó, pero no fuimos a la parroquia de ningún hombre sin que se nos invitara. Teníamos suficiente lugar para trabajar y bastante tarea que realizar".

William R. Weeks, un pastor de Paris Hill, comenzó la oposición en la esfera teológica. Según afirma Finney, Weeks sostenía que "tanto el pecado como la santidad eran producidos en el pensamiento por un acto directo de la potencia del Todopoderoso, que Dios hacía de los hombres pecadores o santos según su deseo soberano . . . que de hecho él era el único agente particular en el universo, y que todas sus criaturas actuaban sólo según eran movidas y compelidas por su irresistible poder . . . Que cada pecado en la creación, tanto de los hombres como de los demonios, era el resultado de un acto directo e irresistible de parte del Creador".

Weeks envió cartas con el rótulo de su recién formada Asociación de Oneida, en las que acusaba a Charles Finney y a sus amigos de que "insultan a los hombres, informan de magníficos y poderosos avivamientos que luego resultan ser poco o nada, tratan con poco juicio a los jóvenes convertidos, hacen caso de las impresiones de la gente, y permiten que todos y cada uno hablen y oren en reuniones promiscuas".

Desde Trenton, Nueva York, un pastor unitario mandó un panfleto denunciando el evangelismo de Finney en un tono que casi olía a azufre, y desfigurando la obra de un modo grotesco. He aquí su descripción de una reunión de búsqueda en oración: "Generalmente, si no siempre, se celebran por la noche. La habitación está a oscuras, de tal manera que las personas sólo pueden ver lo suficiente para andar y localizarse unas a otras, y el silencio reinante habitual sólo es interrumpido de tanto en tanto por un gemido de dolor . . .".

El evangelista no tenía necesidad de responder a tan ridículas acusaciones, ni tampoco pensaba hacerlo. Pero el Presbiterio de Oneida, que tuvo lugar el 8 de septiembre de 1826, nombró un comité para investigar y emitir una declaración acerca de la verdadera naturaleza del avivamiento. Aquélla fue una respuesta voluminosa contenida en unas sesenta y siete páginas de material impreso, que consistía en tres partes.

Al hablar de Charles Finney, principal responsable de las campañas, los ministros declarantes decían: "Posee una mente analítica y autoequilibrada, tiene una buena dosis de valor y decisión, es por naturaleza de buen carácter, así como sincero y generoso en comportamiento . . . y en general, se puede prever que será más útil que ningún otro hombre que conozcamos promoviendo avivamientos religiosos. Pretender que nunca se equivoca sería más de lo que se pueda decir con verdad de cualquier hombre . . .".

La segunda parte del informe entra en detalles en cuanto a la naturaleza de los avivamientos, y afirma que sus convertidos han sido numerosos, la convicción por los pecados profunda, el número de personas que reinciden menos común de lo habitual, y un gran espíritu de oración caracteriza a los convertidos, quienes "han manifestado más gozo y una esperanza más vigorosa que en ningún otro avivamiento que haya sucedido entre nosotros . . .".

La tercera parte de aquella declaración discute los medios que se utilizaron y ayudaron a promover y extender los avivamientos, que en breve, eran: "Períodos de ayuno y oración . . . confesión de pecados en las iglesias . . . disciplina eclesiástica . . . visitación casa por casa . . . predicación del evangelio *con gran sencillez y seriedad* . . . unidad en el sentir y el esfuerzo dentro de las iglesias . . . bendecidas reuniones de búsqueda en oración . . . exhortación a los pecadores a un arrepentimiento inmediato . . . visitas de ministros, de profesores y otros de los lugares adonde habían comenzado campañas han tenido un poderoso efecto en la extensión de la obra . . . la predicación de los evangelistas . . . una oración unida, agonizante y perseverante . . . la instrucción extraordinariamente bendecida dada en las escuelas dominicales y en los estudios bíblicos".

Aquel informe introdujo cierta cautela entre la oposición local, pero no satisfizo a algunos entremetidos hermanos de la parte de Nueva Inglaterra, quienes decidieron enviar una delegación a Nuevo Líbano para ver por sí misma la naturaleza de las irregularidades que caracterizaban al avivamiento. Así, Asahel Nettleton y Lyman Beecher entraron en Nueva York cruzando los cerros para desenredar la maraña que, según se informaba, se estaba formando en el evangelismo del predicador de aquellas regiones remotas.

El mismo Nettleton era el evangelista más popular de Nueva Inglaterra por aquel tiempo, y hasta entonces había ganado gran cantidad de almas para Cristo. A pesar de que muchos pensaban que sus propios procedimientos evangelísticos eran innovaciones respecto del evangelio tradicional, quería traer luz al nuevo predicador. Cuando aquellas discusiones comenzaron, Asahel Nettleton tenía cuarenta y cuatro años —nueve más que Finney.

Lyman Beecher era el pastor más conocido de Boston, y el principal evangelista pastoral de la ciudad. Nettleton fue acusado por el doctor E. N. Kirk, de no ser muy honrado: "Ya que estoy informado de que ningún predicador o evangelista de nuestros días ha abundado tanto en nuevas medidas, artificios y control como él". Pero en aquel entonces tenía la salud quebrantada, y puede que la nueva estrella de los bosques de Nueva York le haya provocado celos.

Sea como fuere, un examen cuidadoso de la biografía de Nettleton muestra que sólo consiguió cuatrocientos convertidos en los diez años siguientes. "Nunca se recuperó", afirma A. M. Hills.

Y la estrella de Beecher como presidente del Seminario Lane fue eclipsada años más tarde, cuando los estudiantes decían: "En Lane estudiamos más a Finney que a Beecher".

El 18 de julio de 1827, se convocó debidamente la Convención de Nuevo Líbano, y entre los ministros que juzgarían la obra de Finney había muchos nombres importantes, nombres que hoy en día nos dicen bien poco, pero que entonces tenían gran peso en los círculos religiosos.

Nettleton y Beecher atacaron sin ambages el tipo de avivamiento de Finney, y Beecher se mostró en cierto modo quisquilloso cuando se le hicieron algunas preguntas acerca de sus creencias, contestando: "No hemos venido aquí para que se nos catequice, y nuestra dignidad espiritual nos prohíbe responder a preguntas semejantes". Los dos bostonianos trataron incluso que Finney y sus asociados no testificaran en su propio favor, pero el moderador y el resto de los ministros congregados no estaban dispuestos a que tan vergonzosa acción constara en sus actas. Así que complacidamente escucharon el lado de aquellos que creían en el avivamiento.

Hubo un verdadero revuelo mientras aquello tenía lugar. Cuanta más evidencia se acumulaba a favor de la conducta de Charles Finney en los avivamientos, tanto más nervioso y agitado se ponía Nettleton. Este reconocía que él y Beecher estaban perdiendo terreno, y aparte del irritado pastor Weeks, la multitud estaba de parte del evangelista y de sus esfuerzos por salvar almas.

La primera resolución adoptada afirmaba una esperanza de que mayores avivamientos sucederían, y a lo largo de toda ella, hasta el final, predominaba la nota evangelística y se hacía justicia a Finney.

En las Memorias de Nettleton, éste menciona específicamente algunas de las medidas de Charles Finney a las que objetaba, tales como: el orar por personas llamándolas por su nombre, animar a las mujeres a orar y a exhortar en asambleas de hombres y mujeres, hacer llamamientos a la gente para que pasaran al frente por oración, o a que se levantaran en la congregación para dar a entender que habían entre-

gado sus corazones a Dios o que estaban resueltos a
prestar atención a la religión.

Tales disputas parecen indignas de grandes hombres hoy en día; sin embargo, fueron medios para pro-
bar la resistencia del alma de Finney, y en lugar de
desanimarle, le llevaron en realidad a refugiarse más
aún bajo las alas del Altísimo. A lo largo de todo aquel
período, el evangelista estuvo poseído de una tranquila actitud, y ninguna de aquellas acusaciones disturbó
su santo reposo en Dios.

"He trabajado extensamente en este país y en la
Gran Bretaña", escribe años más tarde, "y no he
hecho ninguna excepción en cuanto emplear a mis
medidas ... siempre y en todo lugar he utilizado las
que usaba en aquellos avivamientos ... De poder
vivir otra vez mi vida, pienso que con la experiencia de
más de cuarenta años de trabajo en avivamientos, y
bajo las mismas circunstancias, pondría en práctica
básicamente las mismas medidas que entonces".

En todo aquello fue humilde y dio la gloria a Dios
por su éxito, afirmando: "No era mi propia sabiduría
la que me dirigía; se me hizo sentir mi ignorancia y
dependencia, conduciéndoseme a esperar continuamente la guía de Dios. No tenía ninguna duda entonces, ni la he tenido nunca, de que Dios me guió por su
Espíritu Santo a tomar el rumbo que tomé ... Nunca
dudé, ni tampoco pude, de que era dirigido divina-
mente.

"Bendigo al Señor por haber sido guardado de dis-
traerme de mi trabajo a causa de la oposición de ellos,
y porque nunca me preocupé acerca de la misma,
habiéndome dado Dios la seguridad de que anularía
todo antagonismo. Con esta certeza divina, seguí adelante con un solo propósito en mi mente y un espíritu
confiado".

Cuando Beecher volvió a su púlpito de Boston,

señaló acerca del viaje a la región de los bosques: "Cruzamos las montañas esperando encontrarnos con una compañía de muchachos, pero resultaron ser hombres hechos y derechos".

El tema de aquellas discusiones surgió de nuevo en la Asamblea General Presbiteriana de mayo de 1828 en Filadelfia, donde se firmó un armisticio que cancelaba cualquier publicación ulterior de panfletos y toda discusión a favor y en contra del asunto. Tanto Beecher como Finney la firmaron, aunque éste último dice que no recuerda haber rubricado ningún papel semejante. Sin embargo, su firma está incuestionablemente en dicho documento.

Aquella Convención, planeada para arruinar, o como diríamos "cortarle la cabeza" a Charles Finney, sólo sirvió para extender su fama hacia más amplios e importantes campos de servicio, abriéndole las puertas de par en par para predicar en las ciudades más grandes de la nación.

En la biografía de Beecher se cita a éste diciéndole al evangelista: "Finney, conozco su plan, y usted sabe que es cierto que se propone venir a Connecticut y dejar rastros de fuego hasta Boston. Pero si lo intenta, vive el Señor que me encontraré con usted en la frontera del estado y llamaré a los artilleros para luchar por cada palmo del camino a dicha ciudad, y luego le combatiré allí".

Aquélla era una valiente amenaza que demuestra que los más grandes pueden equivocarse, porque poco tiempo después, Charles Finney estaba en Boston predicando en la iglesia de Beecher, y mientras lo hacía, éste dijo al evangelista que "nunca había visto a un hombre con cuyas ideas teológicas estuviera tan de acuerdo". El pastor incluso ayudó en las reuniones de oración que se llevaron a cabo en el sótano de su iglesia.

Capítulo 7

Se ensancha su campo de trabajo

La Convención de Nuevo Líbano fue el medio que Dios utilizó para ensanchar el campo evangelístico de Finney. Hasta entonces, había trabajado alrededor de una parte de Nueva York, pero el Señor tenía otras esferas por las cuales sus campañas tendrían que pasar. La verdad de los avivamientos, a pesar de haber sido tan perseguida, habría de brotar con un vigor renovado.

Durante la Convención, una mujer joven de Stephentown asistió a las reuniones de Finney, y quedando en gran manera impresionada por los resultados de las mismas, insistió al evangelista para que fuese a su iglesia. Aquélla era la única iglesia del pueblo, la cual debido a la falta de interés pastoral había dejado de funcionar, y el ministro "finalmente se convirtió en un descreído declarado".

Charles Finney prometió ir con tal que la joven tuviera un caballo manso. Ella se rio de aquello, pero Finney replicó: "Si el Señor quiere que vaya a Stephentown el diablo intentará impedirlo". Baste señalar que el animal se desbocó dos veces en el camino y estuvo a punto de matarles.

Después del primer culto, dice el evangelista que pudo oír a la joven, que se llamaba María, orar casi toda la noche pidiendo las bendiciones de Dios. Luego, un espíritu de oración vino sobre el predicador y pronto estaba esgrimiendo la espada del Señor con poderoso éxito. Dios abatió al pastor infiel, y durante la campaña murió de una muerte horrible. Dos familias grandes se convirtieron: la una tenía dieciséis hijos y la otra diecisiete.

"El espíritu de oración había venido sobre mí con gran fuerza", dice el evangelista, ". . . y con el poder de la oración extendiéndose y aumentando de una manera tan manifiesta, la obra pronto adoptó una forma muy potente; tanto que la Palabra del Señor derribaba a los hombres más robustos dejándolos indefensos".

Un célebre abogado, llamado Zebulon Shipherd, oyó hablar del avivamiento mientras estaba atendiendo a un juicio en Albany, y decidió visitarlo. De aquello surgió una comunión que finalmente llevó a Finney a la cátedra de profesor en Oberlin, y que J. J. —el hijo de Zebulon— fundó la universidad que lleva ese nombre e invitó al evangelista a dirigir su escuela de teología.

Antes de finalizar la campaña, casi toda la ciudad se había convertido. Según afirma Charles Finney: "Las sorprendentes características de este avivamiento fueron: un poderoso espíritu de oración victoriosa, una convicción abrumadora, conversiones poderosas y repentinas, y gran amor y abundante gozo en los convertidos. El despertamiento ocurrió inmediatamente después de la Convención de Nuevo Líbano, y fue el golpe mortal a la oposición".

En aquellos cultos estuvo presente un tal reverendo Gilbert, pastor de una iglesia presbiteriana de Wilmington, estado de Delaware, quien estaba visitando a su padre. Al ver la mano poderosa de Dios mostrándose en la salvación de almas, el ministro invitó a Finney a celebrar una campaña en su iglesia. El mismo no creía en los avivamientos (hasta entonces), ya que pensaba que el evangelismo tomaba de las manos del Señor el trabajo de salvar a las personas y "que Dios convertiría a los pecadores en su propio tiempo".

Antes de que el Espíritu se pudiera mover, Charles Finney comprendió que las ideas de aquel ministro en cuanto a la redención debían cambiar, así que todos los días el evangelista hablaba larga y seriamente con el pastor. Durante dos horas, un domingo, Finney expuso la verdad de la habilidad del hombre para decidirse por la salvación, y la congregación bebió aquello mientras, según dice el predicador, "presenté firmemente el contraste entre mis puntos de vista y aquellos en los cuales se les había instruido. Algunos reían, otros lloraban y otros, por fin, estaban claramente enfadados".

El pobre pastor se retorcía, y cuando despidió la reunión, una mujer le susurró al oído: "¿Qué piensa usted de esto, señor Gilbert?"

"Que vale quinientos dólares", respondió, añadiendo que hasta entonces él "nunca había predicado el evangelio".

Había llegado el momento de Dios para que Finney extendiera su gloria evangelística en una gran ciudad, lo cual ocurriría por medio de James Patterson, un pastor presbiteriano de Filadelfia. Patterson invitó a Charles Finney a predicar en su iglesia, profetizando: "Si los ministros presbiterianos de esta ciudad se enteran de sus ideas y de lo que está predicando a la gente, le echarán fuera de la misma como a un lobo".

A lo que el evangelista respondió: "¡Qué voy a hacer! No puedo predicar otra doctrina, y si me tienen que expulsar de la ciudad, que lo hagan y tómen la responsabilidad por ello. Pero no creo que me puedan echar".

Finney había recibido aquello de Dios y sabía que tenía razón. La gloria estalló sobre la ciudad de Filadelfia, cuyo nombre significa amor fraternal, y Charles Finney pasó de una iglesia a otra, predicando allí durante casi dieciocho meses, hasta el invierno de 1828-1829. Uno de sus sermones, "Hay un Mediador entre Dios y los hombres", lo repitió, al serle pedido, todas las noches durante siete días en siete iglesias diferentes.

Finalmente, el evangelista se estableció en la Iglesia Alemana de la Calle Race, que tenía tres mil asientos y estaba situada en el centro de la ciudad, y allí predicó por muchos meses consecutivos. Aproximadamente a mediados del verano de 1829, visitó a la familia de su esposa en el condado de Oneida, y al volver a Filadelfia, donde trabajó hasta la mitad del invierno, dijo: "En todo este tiempo no ha disminuido el avivamiento . . . Ha habido muchos convertidos en todas las partes de la ciudad".

Luego aconteció el despertamiento de los leñadores, sin duda jamás igualado en toda la literatura evangelística. Las palabras de Finney nos lo cuentan mejor:

"En la primavera de 1829, cuando el río Delaware estaba crecido, los leñadores bajaron por el mismo con sus balsas. En aquel tiempo había una amplia zona que muchos llamaban la 'región de la madera', la cual se extendía hasta el nacimiento del río. Muchas personas estaban dedicadas a la extracción de dicha madera, y gran número de madereros formaban sus familias en aquella área, que no tenía escuelas ni, por aquel entonces, tampoco iglesias o privilegios religiosos.

"Aquellos hombres que habían descendido por el río, asistieron a nuestras reuniones, convirtiéndose un número bastante grande de ellos. Luego volvieron a los bosques y comenzaron a orar por el derramamiento del Espíritu Santo, contando a la gente que tenían alrededor lo que habían visto en Filadelfia y exhortándoles a que se ocuparan en su salvación.

"Sus esfuerzos fueron inmediatamente bendecidos, y el avivamiento empezó a arraigarse y a extenderse, continuando de una manera de lo más poderosa y notable. Se esparció hasta el punto de que, en muchos casos, personas que no habían asistido a ninguna reunión y que eran casi tan ignorantes como los paganos, caían bajo convicción y se convertían.

"Hombres que estaban extrayendo madera y que vivían solos en pequeñas cabañas, o en grupos de dos, tres o más, eran tomados por tal convicción que les hacía apartarse e inquirir acerca de lo que debían hacer. Luego se convertían, y así se extendía el avivamiento.

"En la primavera de 1831, dos o tres de aquellos leñadores vinieron a verme y a preguntarme cómo podían conseguir que algunos ministros fueran allí. Decían que no menos de cinco mil personas se habían convertido, que el avivamiento se había extendido por sí solo a lo largo de ciento treinta kilómetros y que no tenían ni un solo ministro del evangelio en esa área.

"Nunca estuve en aquella zona, pero por todo lo que he oído acerca del avivamiento que allí ocurrió, lo he considerado como uno de los más notables que hayan tenido lugar en este país. La chispa que se encendió en los corazones de aquellos pocos madereros que vinieron a Filadelfia, se extendió por esos bosques y dio como resultado la salvación de una multitud de almas".

En el invierno de 1828-1829, Finney celebró una campaña corta en Reading, Pensilvania, donde el pastor murió repentinamente durante el avivamiento, lo cual hizo que una gran seriedad se apoderara de la gente. Aquella campaña fue seguida de una serie de cultos breves en Lancaster, ciudad en la que muchos fueron ganados para el reino por medio de un conjunto de reuniones de oración.

Una noche, durante el avivamiento de Lancaster, Finney hizo que su auditorio se pusiera en pie y tomara una decisión inmediata por Cristo. Dos hombres que se encontraban cerca de la puerta permanecieron sentados, y mientras abandonaban el edificio, discutían el asunto del llamamiento del evangelista. Uno de ellos, evidentemente muy tocado por el Espíritu, emprendió su camino a casa en la oscuridad, y durante el mismo cayó sobre el bordillo de la acera y se rompió el cuello, "llamado pero perdido".

En el verano de 1829, se le insistió a Charles Finney para que celebrara reuniones en Columbia, Nueva York, donde existía una iglesia alemana grande "donde sólo aproximadamente diez de sus miembros habían experimentado un cambio de corazón". Finney se entregó mucho a la oración, y el Señor se movió poderosamente sobre la gente. "Aquel avivamiento", dice el evangelista, "continuó extendiéndose hasta alcanzar y convertir a casi todos los habitantes de la ciudad".

Una colonia de aquella comunidad se estableció en Galesburg, Illinois, donde Gale —el profesor y pastor de Finney en Adams—, había fundado un pueblo y también la Universidad de Knox.

Durante el verano, mientras el evangelista estaba visitando a los padres de su esposa, Anson G. Phelps, el filántropo, sabiendo que no se había invitado a Finney a que celebrara avivamientos en la ciudad de Nueva York por causa de la controversia que provocaran Nettleton y Beecher, alquiló una iglesia vacante en la Calle Vandewater, y, dice Charles Finney, "me hizo llegar una petición urgente de que fuera allí y predicara".

Poco después, se puso a la venta una iglesia universalista, la cual se compró y acondicionó para el uso del evangelista. Allí puso sitio a la ciudad con una campaña de quince meses de duración. Estando en Nueva York, Finney conoció a Arthur Tappan, y por medio de él a su hermano Lewis, quien por aquel entonces era unitario. La influencia del predicador sobre Lewis y las oraciones de su hermano, le hicieron volverse de sus antiguas ideas agnósticas y servir a Cristo. Hasta el final de su vida, siguió siendo un fiel amigo de Charles Finney. Cuando unos años más tarde se fundó la Universidad de Oberlin, Arthur Tappan fue muy generoso en sus donativos para la joven institución.

Del avivamiento de Nueva York surgió la Iglesia Presbiteriana Libre —llamada así porque no se alquilaban los bancos—, un movimiento que pronto se extendió por toda la ciudad.

En el verano de 1830, se invitó a Finney a celebrar una campaña en la Tercera Iglesia Presbiteriana de Rochester, que por aquel tiempo estaba sin pastor. Al investigar, vio que el panorama era verdaderamente oscuro, ya que había disensión entre las iglesias presbiterianas del lugar, así como poca evidencia de vida espiritual. La iniquidad abundaba, los salones de baile florecían y un bajo nivel moral caracterizaba a la ciudad. Después de mucha oración, Finney dice: "Quedé completamente convencido . . . Rochester era el lugar adonde el Señor quería que fuera".

Pronto los creyentes de dicha ciudad se unieron. Uno de sus primeros convertidos fue la esposa de un conocido abogado, quien anteriormente había sido muy mundana "y no quería un avivamiento, que sería en gran manera un obstáculo a los placeres y diversiones que se había prometido a sí misma aquel invierno". Su extraordinaria conversión causó mucha conmoción en la ciudad, y fue el instrumento para extender la influencia de la campaña.

"Hasta que fui a Rochester", dice Charles Finney, "nunca, excepto en raras ocasiones, había usado lo que desde entonces se ha llamado 'el asiento de oración', o 'asiento de los inquietos', como un medio para promover los avivamientos. Algunas veces, en ciertas congregaciones, pedía a las personas que se levantaran . . . Según mi propia experiencia y observación, me di cuenta de que con las clases más altas, el obstáculo mayor que había que vencer de un modo especial, era su miedo a que se supiera que eran buscadores inquietos . . .

"También me había percatado de que se necesitaba hacer algo para impresionarles con el hecho de que se esperaba de ellos que entregaran inmediatamente sus corazones . . . algo que los comprometiera públicamente en el servicio de Cristo. Fue en Rochester donde introduje por primera vez aquella medida".

Pocos días después de la conversión de la esposa del abogado, Finney hizo su llamamiento a todos los que estuvieran dispuestos a renunciar a sus pecados y entregarse a Dios, a que pasaran al frente y ocuparan ciertos asientos que se habían dejado vacíos, mientras se ofrecían a sí mismos al Señor y el evangelista oraba por ellos. Gran número de personas respondió.

"Pronto se hizo evidente", dice el predicador, "que el Señor estaba alcanzando a las clases más altas de la sociedad. Los abogados, los médicos, los negociantes y en realidad la gente más culta llegó a estar interesada y a ser más fácilmente influenciable. Gran número de abogados, casi todos los jueces, banqueros, comerciantes y maestros mecánicos, y hombres y mujeres destacados de la ciudad se convirtieron".

El espíritu de oración se derramó "de una manera tan poderosa que alguna gente no asistía a los cultos para quedarse orando, siendo incapaz de contener sus sentimientos bajo la predicación". Un tal Abel Clary no podía ir a las reuniones, y oraba casi todo el tiempo durante el día y la noche, y en una agonía tal que parecía poseído de una carga insoportable por las almas. Un hombre que vivía en la misma casa que Clary dijo: "Algunas veces no puede estar de rodillas, sino que yace postrado en el suelo, gimiendo y orando". También el Padre Nash y tres diáconos fueron afectados de la misma manera.

Prácticamente todo el mundo se convirtió. "El único teatro de la ciudad", dice Finney, "fue transformado en una caballeriza, y el único circo en una fábrica de jabón y velas. Las tabernas se cerraron".

Se dijo que hubo diez mil convertidos durante la campaña. La poderosa predicación del evangelista y toda aquella oración intercesora fueron bendecidas por Dios de un modo maravilloso. Los pastores y la gente importante de los pueblos, de las ciudades, y hasta de los estados vecinos, fueron allí para exponerse a la influencia de aquel fuego de avivamiento. Al volver a sus lugares de procedencia, también ellos hicieron su parte en la extensión de aquella gloria evangelística.

Beecher —en otro tiempo enemigo de las campañas de Finney, y ahora el ensalzador de las mismas—, dijo: "Esta fue la mayor obra de Dios, y el mayor avivamiento religioso que el mundo haya visto jamás en tan poco tiempo. Como resultado del mismo, se informó que cien mil personas se habían unido a las iglesias. Esto no tiene paralelo en la historia de la iglesia o en el progreso de la religión. En ningún año de la era cristiana se nos relata que haya habido un avivamiento religioso tan grande".

Charles Finney habló a los estudiantes de las escuelas públicas, muchos de los cuales se convirtieron. Un cuidadoso examen ulterior muestra que cuarenta de ellos se hicieron ministros.

El evangelista decía que la llave que abrió los cielos en aquel avivamiento fue la oración de Clary, del Padre Nash y de otra gente anónima que se postraron delante del trono de Dios y le suplicaron por un derramamiento divino.

Sintiéndose rendido después de aquella agotadora campaña, Finney se propuso descansar, pero el doctor Nott, presidente de la Universidad de la Unión en Schenectady, le invitó a trabajar con sus estudiantes. Los caminos eran tan malos que el evangelista se detuvo en Auburn para recuperarse. Unos pocos años antes, se había enfrentado allí a una gran oposición, pero ahora, mucha gente destacada firmó una petición pidiéndole que les hablara acerca de temas relacionados con la salvación. Charles Finney aceptó predicar sólo los domingos, para poder descansar durante la semana.

Antes de que se terminara la campaña, todos los firmantes de la petición se habían convertido junto con aproximadamente otras quinientas personas. Uno de los primeros hombres en llegar al asiento de oración fue el que encabezara la oposición cinco años antes.

Hacia el final de aquellas reuniones, llegó un mensajero invitando al evangelista a Búfalo, ciudad del estado de Nueva York. Finney consideró esta petición providencial, aceptando quedarse allí durante un mes. Desde dicha ciudad fue a Providencia, para la "campaña prolongada" como la llamaron. Aquélla duró tres semanas, y Charles Finney relata: "El Señor derramó su Espíritu inmediatamente sobre la gente, y la obra de gracia comenzó al instante".

Esta pareció ser la ruta indirecta de Dios para llevar al evangelista a Boston, ciudad desde la que los ministros congregacionalistas enviaron al doctor Wisner, pastor de la Iglesia del Viejo Sur, "a espiar la tierra". Cuando se le invitó a ir a Boston, en el otoño de 1831, Finney al principio rechazó recordando el rencor de Beecher. Sin embargo, Catherine —la hija de éste—, habló con su padre, quien a su vez hizo personalmente la invitación que llevó finalmente al evangelista a aquella ciudad.

Charles Finney fue en primer lugar a la iglesia de Edward Beecher, hijo de Lyman y hermano de Henry Ward Beecher, donde "predicó en una capilla atestada de gente el sermón más impresionante y poderoso que haya oído jamás. Nadie se puede hacer una idea de la fuerza de su llamamiento. Aún hoy en día resuena en mis oídos", dice Edward Beecher.

"Esto confirma", expresa A. M. Hills (quien había preparado a cientos de predicadores durante su vida, y sido estudiante de Finney), "mi juicio acerca de la predicación de Charles Finney, de que en cuanto al incomparable poder que tenía para inducir a los hombres al bien, fue con mucho el mejor predicador del siglo".

Durante el avivamiento de Boston, se invitó al evangelista a predicar tres días en Andover, lo cual ocurrió en los comienzos del seminario del mismo nombre. La mayoría de los cuarenta y dos discursos, que según el programa tenía que dar los teólogos graduados, nunca se pronunciaron a causa del atractivo de la campaña de Finney.

"Tal era la fama del señor Finney", escribe el profesor Park (quien por aquel entonces enseñaba en Andover), "que nos vimos obligados a suspender nuestra ceremonia. Sólo treinta personas se congregaron para escuchar el discurso del doctor Justin Edwards (el predicador más famoso de Nueva Inglaterra en aquel tiempo), luego del cual se levantó la sesión".

Sin embargo, en el auditorio de Charles Finney hubo entre doscientos y trescientos predicadores y estudiantes para el pastorado. Su sermón duró solamente cien minutos, y "fue demasiado serio para poderse llamar teatral; pero en el mejor sentido de la palabra, fue dramático. Algunas de sus expresiones retóricas son indescriptibles".

Capítulo 8

El centro evangelístico de la ciudad de Nueva York

Finney había rodeado con sus avivamientos el corazón de la parte este de la nación, y ahora Dios se aprestaba a trasladarle al mismo centro de aquélla. Su trabajo evangelístico contaba ya diez años, y según dice: "Estaba agotado, después de haber trabajado aproximadamente diez años como evangelista, sin más que unos pocos días o semanas de descanso durante todo aquel período".

El movimiento de la iglesia libre se había extendido por la ciudad desde su campaña anterior, y unos pocos hermanos sugirieron que se alquilara el Teatro de la Calle Chatham, se acondicionara como iglesia y que Finney fuera allí como pastor. Lewis y Arthur Tappan pensaron, en el verano de 1832, que aquello le daría al evangelista una oportunidad de recuperar sus fuerzas y permitiría que la familia del predicador —que para entonces contaba con tres niños—, estableciera un hogar.

"Al orar y estudiar el asunto", dice Charles Finney, "decidí aceptar la llamada".

El viejo teatro había sido un lugar de iniquidad, y cuando los dos hermanos se acercaron al arrendatario y le preguntaron si estaba dispuesto a traspasar el arrendamiento del edificio, éste preguntó: —¿Para hacer qué?

—Queremos poner una iglesia aquí —le contestaron.

—¿Quieren decir que van a poner una iglesia aquí?

Cuando le aseguraron que de eso se trataba, rompió a llorar y dijo: —Se lo pueden quedar, y además contribuiré con mil dólares para dicho fin.

Al final del ensayo de la mañana, se cantó un himno, después del cual, Arthur Tappan anunció a los actores que, una vez quitados los decorados, se iba a colocar un púlpito en el escenario y al domingo siguiente se adoraría en aquel teatro.

Al otro día, se empezaron los cultos con una reunión de oración a las cinco y media de la mañana, a la que asistieron ochocientas personas.

Costó más de siete mil dólares el transformar el teatro en un auditorio de iglesia con salones de conferencias y de escuela dominical adyacentes. El domingo siguiente —6 de mayo de 1832—, por la mañana, Finney predicó sobre el texto: "¿Quién está por Jehová?" Aquella tarde se administró la santa cena, y para la hora del culto vespertino, el edificio estaba lleno hasta los topes, por lo que hubo de negárseles la entrada a muchos.

El versículo escogido por Charles Finney, fue: "A los cielos y a la tierra llamo por testigos hoy contra vosotros, que os he puesto delante la vida y la muerte, la bendición y la maldición; escoge, pues, la vida, para que vivas tú y tu descendencia". A pesar de que la plaga de cólera rugía en la ciudad, el evangelista predicó durante setenta noches consecutivas a un auditorio que oscilaba entre las mil quinientas y las dos mil quinientas personas.

Además de los cultos de predicación, había en la Capilla de la Calle Chatham —como se la llamó después del sermón de dedicación, estudios bíblicos, reuniones de oración, distribución de Biblias y literatura religiosa, etc. Los obreros visitaban las tiendas, los almacenes, los bares y las oficinas, invitando a la gente a asistir a las reuniones. La cantina del antiguo teatro se convirtió en una sala de oración, y el primer hombre que oró allí, un actor, lo hizo con las siguientes palabras: "¡Oh, Señor, perdona mis pecados! La última vez que estuve aquí, sabes que era un infame actor en ese escenario. ¡Oh, Dios, ten misericordia de mí!"

"Al principio, cuando llegué a la Capilla de la Calle Chatham, informé a los hermanos de que no era mi intención llenar aquélla de creyentes de otras iglesias, sino congregar gente del mundo. Quería procurar la salvación de los pecadores en la mayor medida posible. Las conversiones se multiplicaron tanto que pronto iniciamos otra obra, y cuando dejé Nueva York, creo que teníamos siete iglesias libres, cuyos miembros estaban ocupados en la salvación de las almas".

El deseo de Finney al hacerse cargo de aquella iglesia neoyorquina fue mostrar que el evangelismo en su nivel más alto era posible incluso para un pastor establecido. Las bendiciones de Dios estuvieron sobre la gente desde los comienzos, y el predicador ganó allí tantas almas como en cualquier otro lugar. Tenía un método único de sentar a sus creyentes diseminados entre las filas de palcos, del que dice:

"Enseñé a los miembros de mi iglesia a esparcirse por toda la capilla, y a tener los ojos bien abiertos respecto de cualquiera que fuera seriamente afectado por la predicación; y, de ser posible, a demorarlos después del sermón para orar. Eran fieles a lo que se les enseñaba, y estaban vigilantes en cada reunión. Tenían fe suficiente para dejar a un lado sus temores y hablar con cualquiera que vieran tocado por la Palabra. De aquella manera se logró la conversión de una gran cantidad de almas. Las invitaban a pasar a las salas, de las cuales había una al final de cada fila de palcos, y allí hablaban y oraban con ellas, cosechando así los resultados de cada sermón".

Durante la epidemia de cólera —que también afectó a Finney—, aquella iglesia fue una gran bendición para los enfermos y moribundos. Cuando finalmente el evangelista sucumbió a la enfermedad, el remedio que se utilizó para curarle resultó ser tan desastroso que no pudo seguir desempeñando sus pesadas obligaciones hasta la primavera siguiente, la de 1833.

Luego, otra vez se derramó inmediatamente el Espíritu y hubo quinientas conversiones constatadas.

"La congregación", dice Finney, "era gente de oración y trabajadora. Estaban íntimamente unidos y entrenados para la tarea de la conversión de los pecadores. Era una iglesia de Cristo en gran manera devota y eficiente. Salían por los caminos y por los vallados, y traían a las personas a escuchar la predicación, en cualquier momento que se requería de ellos. Tanto los hombres como las mujeres se ocupaban en dicha labor. Nuestras señoras no tenían miedo de salir y reunir a todo tipo de gente".

El trabajo de las *iglesias libres*, partiendo de la capilla, ayudó a extender su mensaje y los fuegos del avivamiento por toda la ciudad. Finney dice de ellas: "Nunca he conocido gente tan armoniosa, intercesora y eficiente como los miembros de aquellas *iglesias libres*".

Una vez debidamente instalado como pastor presbiteriano por el Presbiterio, Charles Finney encontró difícil, a medida que creció su obra, el administrarla según las normas de la denominación. Fue así que algunos de los hermanos decidieron construir una iglesia para él, y le persuadieron de que cortara sus lazos con la iglesia presbiteriana y se hiciera congregacionalista.

Desde los comienzos de su evangelismo, e incluso de su vida de convertido, no había estado de acuerdo con las posturas hiperdogmáticas de sus hermanos de denominación. Nunca pudo creer que la redención de Cristo fuera limitada en su extensión y, a la vez, el mensaje de salvación para todo el mundo. Las dos iglesias en las que evangelizó al principio vieron librarse aquella batalla.

"En lo que respecta a sus ideas teológicas", escribe Beardsley, "probablemente no fueron mejor recibidas en círculos congregacionalistas que lo que lo habían sido entre los presbiterianos. Es dudoso que el que Finney adoptara la forma congregacional de gobierno de la iglesia se haya considerado como una ventaja para aquella denominación, ya que en lo teológico, durante prácticamente toda su vida, fue mirado con recelo por los congregacionalistas".

Al construir el Tabernáculo de Broadway, escenario de sus subsiguientes trabajos en la ciudad, el evangelista realizó el diseño personalmente. Se había encontrado con tantos auditorios mal construidos que decidió hacerlo para que se adaptara a su propia idea.

"El plano del interior de aquella capilla era mío", afirma. "Consulté a un arquitecto y le entregué mi proyecto, pero objetó al mismo, diciendo que no quedaría bien, y que temía que perjudicaría a su reputación el construir una iglesia con un interior semejante".

La planta del edificio era un cuadrado de treinta metros en cada lado; ya que al evangelista le importaba más la acústica que la estética. Los muros eran de ladrillo corriente, y estaba retirado quince metros de Broadway, en el centro de una cuadra edificada; así no les causaría ningún gasto por adorno exterior. El costo de la obra fue de sesenta y cinco mil quinientos dólares, y el auditorio podía sentar a dos mil quinientas personas, estando preparado para hacer frente a otras mil quinientas más en una emergencia.

Los bancos estaban dispuestos en forma circular alrededor de una gran plataforma cuadrada, aproximadamente a un cuarto de la distancia desde la pared trasera. Una profunda galería se extendía alrededor de los muros, salvo por encima de la plataforma. De aquella manera, todo el auditorio estaba sentado cerca del que predicaba, sin que ningún oyente se encontrara a más de veinticinco metros del orador.

Esto hacía posible que Finney hablara cómodamente y la gente escuchara sin dificultad. Debajo de la galería del coro, estaba su estudio, y un gran salón de conferencias que se usara para instruir a los jóvenes que se estaban preparando para el pastorado.

Desde los comienzos del ministerio de Charles Finney, fue evidente que el *New York Observer* —el semanario religioso presbiteriano de Nueva York—, era favorable a las opiniones de Nettleton concernientes al evangelista, y que sólo publicaba artículos de su lado. Fue por eso que los amigos de Finney y su movimiento de avivamiento decidieron hacer algo en cuanto a aquella situación. Así que el juez Jonás Platt, de la Corte Suprema, y otros, proyectaron una publicación rival: el *New York Evangelist* (Evangelista neoyorquino). Finalmente, se le pidió al reverendo Joshua Leavitt que fuera el director de la misma, y bajo la influencia del evangelista, aquel periódico pronto consiguió una amplia circulación.

En enero de 1834, la salud del predicador volvió de nuevo a debilitarse, por lo que le fue necesario hacer un viaje al Mediterráneo. El tiempo resultó borrascoso, había poco espacio en el barco, y el capitán era dado a la bebida. En cierta ocasión, cuando éste estaba borracho, Finney se vio obligado a pilotar la nave, habilidad que había adquirido a una edad temprana en el Lago Ontario. El viaje duró seis meses, y cuando le llegó al evangelista el momento de volver, su alma se turbó por el estado de los avivamientos en el mundo.

"Temía que declinarían por todo el país", escribe, ". . . que la oposición de la cual habían sido objeto hubiera contristado al Espíritu Santo. Mi propia salud, a mi modo de ver, estaba bastante o casi por completo quebrantada, y no conocía a otro evangelista que pudiera salir a la palestra y ayudar a los pastores en cuanto al trabajo de avivamiento. Pasé todo el día en oración en mi camarote o andando por la cubierta en intensa agonía . . .

"Pedí al Señor que siguiera adelante con su obra, y que se proveyera de los medios que fueran necesarios. Exactamente a la medianoche, después de un día de indecible lucha y angustia interior, el asunto se aclaró en mi mente. El Espíritu me guió a creer que todo saldría bien . . . que podía estar tranquilo . . . que el Señor continuaría con su obra y me daría fuerzas para jugar cualquier papel que él deseara en la misma. Pero no tenía ni la más mínima idea del curso que tomaría el Todopoderoso".

En todo esto se estaba modelando el propósito de Dios, ya que aquella lucha de su alma tuvo lugar a primeros de julio, y al desembarcar en Nueva York, descubrió que sus amigos habían celebrado una reunión contra la esclavitud el día cuatro del mismo mes en la que los ánimos se exaltaron. Algún canalla incendió el Tabernáculo quemando el tejado del edificio, y los bomberos estaban tan solivantados que rehusaron apagar el fuego.

Entretanto, Leavitt no había sido tan sabio como debiera con el *New York Evangelist*, en relación al asunto de la esclavitud, y las suscripciones estaban disminuyendo a una velocidad de más de cincuenta diarias. Este, al recibir a Finney, lo hizo con las siguientes palabras: "He arruinado el periódico. A menos que usted pueda hacer algo para restaurarlo, sólo funcionará hasta enero".

Su salud hacía desesperar al predicador, pero prometió elevar este asunto al trono celestial, como había hecho durante el viaje, y Dios le dio un plan que multiplicaría su utilidad muchos cientos de veces. Decidió dar una serie de conferencias sobre los avivamientos, que Leavitt relataría en su periódico. La semana siguiente, éste anunció la serie venidera en la publicación, e inmediatamente las suscripciones empezaron a llegar en abundancia.

"Aquellas conferencias", dice Charles Finney en sus Memorias, "fueron luego publicadas en un libro titulado *Conferencias de Finney sobre los Avivamientos,* del que se vendieron doce mil ejemplares tan pronto como se imprimieron; y aquí diré, para la gloria de Cristo, que se han impreso también en Inglaterra y Francia, se tradujeron al galés, y en el continente europeo al francés y al alemán, circulando extensamente por toda Europa y las colonias de la Gran Bretaña.

"Presumo que se podían encontrar en cualquier lugar donde se hablara inglés. Después de haberse impreso en galés, los ministros congregacionalistas del Principado de Gales nombraron un comité para informarme del gran avivamiento que había nacido como resultado de la traducción de aquellas conferencias a la lengua galesa, y un editor de Londres me informó que su padre había publicado ochenta mil volúmenes de las mismas.

"Aquellas charlas, a pesar de que los informes sobre las mismas fueran tan pobres, y de lo endebles que éstas eran en sí, han sido instrumentos para promover avivamientos en Inglaterra, Escocia y Gales; en el continente europeo, Canadá y Nueva Escocia, así como por todos los Estados Unidos y en las islas.

"Me ha animado a menudo el encontrarme con gran número de ministros y laicos que se han convertido por medio de dichas conferencias. Cuando se publicaron por primera vez en el *New York Evangelist*, la lectura de las mismas produjo como resultado avivamientos religiosos en muchísimos lugares a lo largo y a lo ancho de este país".

Durante más de un siglo, este libro ha seguido siendo un clásico sobre los avivamientos. El número de ministros al que ha instruido en cuanto a este asunto, las almas que ha ganado para el Maestro, los jóvenes que han sido guiados por el mismo a entrar en el ministerio, y su influencia en general en las empresas del reino, nunca se conocerán hasta que "se abran los libros". Tampoco tomó Finney para sí la gloria por aquella obra. Pensaba que había sido inspirado por Dios. Como él dice: "Pero éste no provenía de sabiduría humana. Recuerde el lector aquel largo día de agonía y oración en el mar, cuando Dios dijo que haría algo para promover la labor de los avivamientos . . . Estaba seguro de que mis oraciones serían contestadas, y he considerado todo lo que he podido realizar desde entonces, como una respuesta a las plegarias de aquel día . . .

"El Señor abrumó mi alma en la oración, hasta que fui capaz de prevalecer; y a través de las infinitas riquezas de su gracia en Cristo Jesús, he sido testigo durante muchos años de los maravillosos resultados de aquella lucha con Dios. Como contestación a aquel día de angustia, él ha seguido dándome el espíritu de oración".

Charles Finney volvió a la Capilla de Chatham con su ministerio, hasta que el tabernáculo de Broadway quedó terminado, trasladándose luego al mismo con la congregación. El otoño y el invierno de 1834-1835 fueron muy bendecidos con un continuo avivamiento en el Tabernáculo.

Durante aquel pastorado en Nueva York, numerosos jóvenes que se habían convertido bajo el ministerio del evangelista, pidieron a su progenitor espiritual que les enseñara teología. Finney decidió utilizar uno de los salones de conferencias para dicho fin, y a pesar de la falta de vigor físico, vigor que le caracterizara anteriormente, determinó dar un curso de instrucción teológica cada año.

Había un recodo en su carrera más allá del cual Charles Finney no podía ver, donde se estaba planeando que sus conferencias a aquellos estudiantes de teología se dieran en otro lugar y no en el Tabernáculo de Broadway.

En 1833, mientras el predicador edificaba su centro evangelístico en Nueva York, allá en los bosques de Ohio, el joven reverendo John Jay Shipherd fundó una comunidad dedicada únicamente a la vida religiosa y a un elevado propósito moral. La pequeña colonia se había congregado en aquella región amparada por los árboles, y habían abierto —bajo el liderazgo de Asa Mahan—, lo que llamaron el Instituto Colegiado (Collegiate Institute).

La ciudad tomó su nombre, de forma idealista, de un pastor alsaciano —John Fredrick Oberlin—, cuya vida y ministerio, altamente evangélicos, habían resultado una inspiración para Shipherd y su colaborador Philo Stewart. Los colonos se comprometieron a mantener entre todos el Instituto, por medios de autonegación, con el propósito de extender el reino de Dios.

Una elevada nota de piedad sonó a través de aquellos bosques del condado de Lorain desde sus mismos comienzos, cuando la escuela abrió sus puertas por primera vez en diciembre de 1833. La asistencia total durante aquel período académico consistió de veintinueve hombres y quince mujeres.

Al año siguiente, los miembros del directorio del Seminario Teológico Lane en Cincinnati, habían llegado a alarmarse por el creciente sentimiento abolicionista, y prohibieron que los estudiantes discutieran sus ideas acerca de la esclavitud. El presidente, el doctor Lyman Beecher, manejó la escuela de una manera imprudente, y muchos estudiantes se le marcharon en masa.

Arthur Tappan consideró aquello como una acción providencial, y sugirió a Finney financiarle en un esfuerzo por empezar una escuela de teología evangélica con esos estudiantes disidentes. "El señor Tappan me propuso que si iba a algún lugar de Ohio y me establecía donde pudiera reunir a aquellos jóvenes y enseñarles mis ideas teológicas, preparándoles para el trabajo de la predicación por todo el oeste del país, él correría con todos los gastos de la empresa".

Más tarde, Asa Mahan, presidente de la nueva escuela religiosa, vino con Tappan a persuadir a Charles Finney para que fuera a Oberlin y formara un departamento de teología o de trabajo religioso práctico. Los jóvenes de Lane estuvieron de acuerdo en asistir al centro con tal de que el evangelista fuera allí como profesor.

Verdaderamente, aquello parecía ser un plan muy distante del que estaba considerando Finney en cuanto a preparar a jóvenes para el ministerio cristiano desde el punto de vista de su propio fervor evangelístico. Había que reflexionar mucho antes de poder dar aquel paso. Las congregaciones del predicador estaban creciendo, se ganaban almas cada semana, y la obra de Dios era mucha en aquel centro de evangelismo. Por otro lado, Oberlin era una escuela bisoña en el corazón del bosque, y hasta entonces sólo un experimento.

Luego había que considerar a la iglesia: ¿Estaría ésta dispuesta a dejarle ir? Y de ser así . . . ¿quién podría continuar llevando adelante su trabajo?

Después de orar acerca de la invitación, Finney hizo dos proposiciones a las autoridades académicas de Oberlin: "Una fue que ellos, los miembros del directorio, nunca deberían interferir con el reglamento interno de la escuela; la otra, que se nos debía permitir recibir a gente de raza negra sobre las mismas bases que a los blancos".

Aquellas condiciones se aceptaron, y en breve, los amigos de Nueva York ayudados por los hermanos Tappan suscribieron una dote para ocho profesores.

"Me fue difícil abandonar aquel lugar admirable para la predicación del evangelio, donde tales multitudes se congregaban al alcance de mi voz . . . Tuve gran dificultad en dejar mi iglesia en Nueva York. Nunca había pensado permitir que mis tareas en Oberlin interfirieran con el trabajo de los avivamientos y la predicación. Por lo tanto, la congregación y yo acordamos que debería pasar los inviernos en Nueva York y los veranos en la escuela, y que la iglesia estaría al tanto de mis idas y venidas. Una vez arreglado aquello, tomé conmigo a mi familia y llegué a Oberlin en los comienzos del verano de 1835".

Así resolvió Dios el problema de las clases teológicas de Finney, e iba por lo tanto a añadir otro campo de servicio cristiano a la experiencia de aquel evangelista, cuyo único deseo era extender la causa de los avivamientos por toda la nación.

Capítulo 9

Evangelismo por medio de la enseñanza

Por lo tanto, aún había otra etapa de la carrera evangelística de Finney que tendría que ser completada bajo la guía del Espíritu. Hacía años que era un evangelista de éxito, yendo de ciudad en ciudad y ganando almas para su Maestro. Luego había sido pastor, consiguiendo al mismo tiempo mantener una gran ola de salvación en la Capilla de Chatham y en ese entonces en el Tabernáculo de Broadway, probando así que es posible realizar un pastorado ganando almas, y que tal cosa es lo normal para una iglesia.

Dios había hecho de él asimismo un escritor evangelístico, cuyo libro encendía el fuego de los avivamientos en los principales países del mundo.

Pero el Señor tenía todavía otro aspecto del carácter de Charles Finney para aprovechar en el evangelismo: había de convertir las aulas en un centro de glorioso avivamiento. Esta es una afirmación amplia y contradictoria según los criterios educativos modernos, y sin embargo, cierta.

Como evangelista, pastor y escritor, Dios había dotado a Finney para ganar almas; también ahora las ganaría como profesor. Aquélla era la norma para Charles Finney. Si no podía salvar a las personas al mismo tiempo que las instruía, no llevaría a cabo enseñanza alguna. De no ser posible el tener avivamientos en la escuela, se sentiría fracasado. Pero sí que los tuvo, y ganó almas bajo cualquier título que se le aplicara, ya fuera el de evangelista o el de profesor de teología, como había de ser el caso ahora.

Oberlin tenía poco que ofrecer aparte de las doscientas hectáreas de tierra allá en Ohio, un grupo de estudiantes de teología que no permitirían que se les tapara la boca en cuanto a sus sentimientos acerca de la esclavitud, y sobre todo un decidido conjunto de pioneros de alto valor moral.

Hablando de los colonos que se establecieron en aquel lugar, Wright dice: "Firmaron un pacto en el que se lamentaba la degeneración de la iglesia, se subrayaba la importancia de desarrollar instituciones de enseñanza cristiana, y se reconocía la dependencia del consejo del Señor. Los signatarios se comprometían a no poseer una propiedad mayor de la que pudieran administrar con provecho como fieles mayordomos de Dios . . .

"Expresaban su intención de comer tan sólo alimentos sencillos y sanos, renunciar a los malos hábitos y desechar las modas de vestir inmorales . . .

"También afirmaban su determinación de mantener un profundo grado de piedad personal, estimularse mutuamente al amor y a las buenas obras, vivir juntos en todo como hermanos, y glorificar a Dios en sus cuerpos y espíritus . . . El resultado fue la concentración en Oberlin de todo tipo de pioneros de elevado carácter".

Los edificios eran toscos, y el trabajo apenas comenzaba cuando Finney aceptó ser profesor de teología, pero la carta que anunciaba su decisión creó un alboroto, y los estudiantes empezaron a afluir a Oberlin con objeto de ser enseñados por aquel poderoso hijo del evangelismo. Para asegurarle de que el aspecto de su trabajo relacionado con los avivamientos no sería menospreciado, se le dijo al evangelista que ya que no había ningún edificio lo suficientemente grande para contener a las multitudes, trajera consigo una carpa para su predicación.

"Una vez que me hube comprometido a ir", afirma, "los hermanos de Oberlin me escribieron pidiéndome que llevara conmigo una carpa grande para celebrar las reuniones, ya que allí no había un lugar lo suficientemente amplio para acomodar a la gente. Di a conocer dicha petición a algunos de mis amigos, quienes me dijeron que consiguiera una carpa confeccionada, y que ellos suplirían el dinero ... Esta era circular, de treinta metros de diámetro ... En la parte superior del poste central —el cual soportaba la lona—, había un banderín en el que estaba escrito con grandes letras: SANTIDAD AL SEÑOR.

"... Se utilizó en parte para celebrar largas campañas en las regiones de alrededor".

Apenas se había establecido Finney para comenzar su tarea de enseñanza, cuando en junio de 1835 una calamidad le sobrevino a la institución. Arthur Tappan había prometido al evangelista, que en caso de que lo necesitara, podía usar todos sus ingresos personales —de 100.000 dólares al año—, para hacer funcionar la escuela, promesa en la que había confiado Charles Finney. Pero, el 16 de diciembre de aquel primer año, el almacén que Tappan tenía en Nueva York fue completamente destruido en un incendio. Este volvió a empezar de nuevo sus negocios poco antes del hundimiento financiero que sufrió el país por aquel entonces. Dos años más tarde —en mayo de 1837—, dejó los negocios y se declaró en quiebra.

Aquello fue un golpe para el evangelista. Pero tales desastres no eran nada nuevo para aquel hombre de oración, quien sabía cómo mitigarlos: ". . . de rodillas". Dice así Finney: "Aquello no sólo nos dejó sin fondos, sino con una deuda de treinta mil dólares, y desde el punto de vista humano parecía que la escuela sería un fracaso".

Esto no fue una simple presión de las circunstancias, sino que representó tiempos difíciles para el evangelista. Como él dice: "En cierta ocasión, no veía manera de proveer para mi familia durante el invierno. Cuando llegó el Día de Acción de Gracias, nos encontró tan pobres que había tenido que vender mi baúl de viaje, que utilizaba en mis trabajos evangelísticos, para reemplazar una vaca que perdiéramos . . . Fui y prediqué, creo que disfrutando de mi propia predicación como siempre lo hacía, y tuve un día de bendición para mi propia alma".

Aquella mañana, Finney buscó un lugar para orar y sometió plenamente el asunto a la discreción de Dios. Para cuando hubo terminado el sermón y llegado a casa, ya tenía la respuesta: "Ha llegado la contestación, querido", dijo su esposa extendiéndole una carta.

Era de Josiah Chapin, de la ciudad de Providencia, y contenía un cheque por doscientos dólares. "Me anunciaba que podía esperar más de vez en cuando, y continuó enviándome seiscientos dólares al año, durante varios años. Con esto me las arreglé para vivir".

Este es el Finney que Dios usó tan tremendamente salvando almas . . . un Finney quien, después de pasar quince años realizando un trabajo prodigioso como evangelista y ganando cientos de miles de almas para Cristo, *no tenía bastante dinero para comprar una vaca sin vender un baúl.* Tal era la profundidad de su consagración. Había recibido generosamente, y dado de una manera igualmente alegre a cambio.

Las largas vacaciones de la escuela se fijaron en el invierno, para hacer posible que los estudiantes encontraran trabajo como profesores cuando había demanda de tales servicios. Aquello dejaba a Finney los meses de dicha estación para volver a su pastorado en Nueva York. El directorio había tomado la siguiente decisión cuando se le nombró:

"Se determina que en vista de la creciente influencia del señor Finney en la iglesia en general, tenga libertad para ausentarse cuatro o cinco meses cada año . . .".

Durante tres años, pasó sus veranos en Oberlin y sus inviernos con la gente del Tabernáculo en Nueva York, siendo bendecido cada uno de dichos inviernos con un avivamiento en ese lugar, mientras que Oberlin estaba en medio de un continuo despertamiento durante su estancia.

En aquel tiempo difícil se decidió enviar a algunos amigos de la escuela a Inglaterra —donde tan extensamente se habían vendido las *Conferencias sobre los avivamientos* de Finney—, y pedir contribuciones para el nuevo trabajo del evangelista. Los ingleses, quienes tan bien acogieran el libro de Charles Finney, enviaron treinta mil dólares, los cuales se utilizaron para cancelar la deuda de Oberlin.

El elemento del avivamiento todavía pesaba mucho en su manera de pensar, ya que refiere: "Teníamos un bendito avivamiento cada vez que volvía allí (Nueva York) a predicar; y aquí, un avivamiento continuo. Muy pocos estudiantes venían por aquel entonces que quedaran sin convertirse".

Pero de nuevo su salud empezó a debilitarse, y se dio cuenta de que no podía seguir realizando ambas tareas. Sopesando los dos campos de evangelismo y servicio . . . su próspera iglesia del Tabernáculo y la empobrecida sala de clase de la escuela . . . salvar a las almas sólo mediante la predicación o salvarlas mediante la preparación de predicadores que llevaran estampado el sello de su evangelismo . . . se decidió por esto último. Acerca de ello, dice:

"Por lo tanto, dimití de mi iglesia en Nueva York, y los meses de invierno trabajé en diferentes lugares promoviendo avivamientos religiosos".

Sin embargo, antes de clausurar su trabajo en dicha ciudad, Dios tenía para él una tarea que completar. Ya había escrito sus *Conferencias sobre los avivamientos,* y el Señor puso en su corazón el estimular a los creyentes a unas relaciones más bendecidas y profundamente consagradas a Cristo. Así es que Finney dio unos sermones para creyentes mientras predicaba en el Tabernáculo, los cuales también aparecieron en el *New York Evangelist,* y más tarde se publicaron en un libro titulado *Sermones para quienes profesan ser cristianos,* en los que desarrollaba su doctrina de "la experiencia más profunda", "la senda más alta", "el amor perfecto o la santificación", de una manera más plena que lo hubiera hecho en cualquier otro lugar.

Esta obra habría de gozar de una maravillosa circulación y extender su fama como evangelista cristiano a campos más amplios, así como añadir laureles a su nombre como alguien a quien Dios había confiado los secretos más profundos de su reino. Como señala Charles Finney: "Aquellos sermones para creyentes fueron en gran parte el resultado de una búsqueda que estaba teniendo lugar en mi propia mente. Quiero decir que el Espíritu de Dios me estaba mostrando muchas cosas relacionadas con el asunto de la santificación, lo cual me guió a predicar aquellos mensajes a los cristianos".

Es interesante observar la peregrinación de su alma que dio lugar a aquellas conferencias. Acerca de la misma, escribe: "También fui guiado a un estado de gran insatisfacción con mi propia necesidad de estabilidad en la fe y el amor . . . A menudo me sentía débil en presencia de la tentación, y me era preciso tener días de ayuno y oración y pasar mucho tiempo examinando mi propia vida religiosa con vistas a conservar aquella comunión con Dios y poder así mantener la verdad divina, lo que me capacitaba para trabajar eficientemente en la promoción de los avivamientos religiosos".

Dios no retuvo por mucho tiempo el toque que necesitaba aquel hombre plenamente consagrado, quien durante tantos años había caminado a la luz de la verdad bíblica. El Señor renovó su unción, tanto para el ministerio de la enseñanza como para la obra pública. He aquí la historia de la elevación y la expansión de su alma:

"Aquel último invierno en Nueva York, plació a Dios visitar a mi alma con una gran renovación. Después de una temporada de intenso examen de corazón, me puso en un lugar espacioso y dio a mi ser interno mucho de su divina dulzura. En ese tiempo, experimenté un completo levantamiento; tanto es así que a veces, durante un período considerable, no podía refrenarme de llorar en voz alta. Tales sesiones fueron frecuentes aquel invierno, y dieron como resultado una gran renovación de mi fuerza espiritual y una ampliación de mis conceptos acerca de los privilegios de los creyentes y de la abundancia de la gracia de Dios".

El producto de aquello fue la doctrina de Finney de la bienaventuranza cristiana o santificación, o, como lo llama Beardsley, "de la vida más alta". "Un tema de cautivante interés por aquel tiempo en Oberlin, era la doctrina de la vida más alta", relata éste. Charles Finney describe esta experiencia como "la consagración del ser completo a Dios . . . aquel estado de dedicación a Dios . . . un estado no sólo de entero, sino también de perpetuo e interminable ofrecimiento a Dios".

El evangelista enseñaba que ésta había de buscarse y obtenerse mediante la fe como una posesión presente y permanente.

Más tarde amplió aquellas ideas en su libro *Santificación,* así como en su *Teología sistemática,* donde, como dice "Discuto el tema de la completa santificación más extensamente".

La influencia de la escuela empezó a llamar la atención, mientras que sus doctrinas invitaban a menudo a la crítica. La personalidad de Finney atrajo a un grupo cosmopolita de estudiantes. Mientras David Livingstone esperaba en 1839 para explorar el Africa y abrirla al evangelio, envió el dinero de su primer salario a un hermano más joven en Escocia, instándole a que lo aceptara y estudiara con Finney; cosa que éste hizo, graduándose en 1845.

La asistencia a la escuela pasó rápidamente de cien —en los comienzos de la labor de Charles Finney—, hasta quinientos en 1840, llegando a sobrepasar los mil, diez años más tarde. Algunos años después de la muerte del evangelista, pronunciando un discurso a los estudiantes, el presidente Garfield afirmaba que ninguna escuela del país había tocado con mayor efectividad los centros nerviosos de la vida y el pensamiento nacionales, ennobleciéndolos, como aquella institución a la que Finney dedicara tantos años de servicio cristiano.

Charles Finney consiguió para la escuela un renombre mundial, y al bajar de su cátedra de enseñanza había instruido a veinte mil estudiantes, alcanzándoles con la nobleza de su evangelismo, tanto mediante la predicación como de la educación formal en las aulas.

Se despidió como pastor del Tabernáculo el 6 de

abril de 1837, sintiendo que el trabajo era demasiado grande para él; pero un año antes, cuando James Shipherd dimitiera del pastorado de la iglesia de Oberlin debido a su mala salud, se le había pedido a Finney que temporalmente se hiciera cargo del mismo. Aquello habría de imponer sobre él un largo ministerio, y hacer posible que cada domingo predicara a los estudiantes a quienes enseñaba durante la semana.

Aquel ministerio temporal se hizo permanente en mayo de 1837, y así continuó hasta que su avanzada edad obligó al predicador a renunciar a este servicio en 1872, cuando tenía ochenta años. El salario estipulado por su trabajo ministerial mientras estaba enseñando, se fijó al principio en cuatrocientos dólares al año, para ser aumentado más tarde.

"Fue verdaderamente un acontecimiento capital para la iglesia, la comunidad y la universidad", escribe el historiador de Oberlin, Delavan Leonard, "cuando el señor Finney aceptó el llamado al pastorado. El auditorio del evangelista era uno de los mayores del país, y se componía de una multitud de jóvenes impresionables que iban y venían; los cuales por millares y decenas de millares fueron moldeados para la piedad y un distinguido servicio cristiano. Sin él, éstos hubieran sufrido pérdidas irreparables. De la misma manera, sin ellos, el resultado de la vida de Charles Finney habría sido mucho menor".

Durante algunos años, la predicación se llevó a cabo en el Edificio Colonial, completado en la primavera de 1836; pero en poco tiempo, éste resultó demasiado pequeño. Durante los veranos y para comenzar, se siguió utilizando la gran carpa, pero por último, en 1842 Finney decidió construir una iglesia, la cual tenía las paredes y el techo, pero no estaba terminada. Aquélla sentaba a más de dos mil personas, y proveía un trono para la elocuencia cristiana de Charles

Finney. Desde su púlpito, el evangelista pronunció algunos de sus sermones más poderosos.

El deseo de Finney era que la Universidad y la iglesia fueran una misma cosa. Nunca trató de distinguir entre ambas, ya que para él la enseñanza y el trabajo de salvación —o la instrucción y el evangelismo—, eran sirvientes en la causa del reino de Dios. Por esta razón, su largo ministerio como pastor fue paralelo a su obra como profesor en Oberlin.

El crecimiento de aquella iglesia durante el pastorado de Charles Finney fue tan continuo y permanente como el de la escuela. Allá por el 1860, la membresía de la iglesia era de 1.545; así que se organizó una segunda congregación de cien miembros, la cual empezó a celebrar sus cultos en la capilla de la facultad.

Tampoco le faltaron a la escuela sus críticos. Para tener un medio de divulgación de las verdades que se enseñaban allí, se publicó *The Oberlin Evangelist* (El evangelista de Oberlin), que pronto alcanzó una circulación de más de cinco mil ejemplares, y al que Finney contribuyó regularmente. Por medio del mismo, se mantuvo en contacto con los muchos amigos que había hecho en su época de evangelista, y alcanzó a un grupo de personas que de otro modo le hubiera sido imposible alcanzar. Casi en cada número del periódico —durante sus veinticuatro años de vida—, apareció un sermón, ya fuera de Charles Finney o del presidente Mahan. En el transcurso del período 1845-1846, el predicador aportó una serie de treinta y dos artículos sobre los avivamientos, como suplemento a sus clases acerca del mismo tema.

Por último, hizo su aparición el *Oberlin Quarterly* (El Oberlin Trimestral), "en el que sacamos bastante al público del error respecto de cuáles eran realmente nuestras ideas".

Para mostrar el sentimiento que había en el exterior en cuanto a la escuela y su teología evangelística, Finney cuenta la historia de como un día que iba en su coche se encontró con una anciana la cual le pidió que la llevara. Después de recorrer cierta distancia, la mujer preguntó: "¿Puedo saber a quién debo este viaje?" A lo que el evangelista le contestó.

"El anuncio la asustó. Se movió como si quisiera sentarse tan lejos de mí como fuera posible, y luego, volviéndose y mirándome intensamente, dijo: '¡De Oberlin! Pues nuestro pastor dijo que le sería lo mismo mandar a uno de sus hijos a la cárcel que allí' ".

El lema de Finney era: "Almas a cualquier precio y en cualesquiera circunstancias", y para él la escuela no era algo diferente. No veía por qué no habrían de tener una atmósfera de avivamiento en la facultad del mismo modo que en el Tabernáculo de Broadway. Si Oberlin pasaba algún tiempo sin un soplo divino especial sobre el profesorado y los estudiantes, aquello preocupaba al evangelista. Las olas de dichas bendiciones inundaban continuamente la institución.

"Durante aquellos años . . . el Señor nos estuvo bendiciendo ricamente en nuestro interior", afirma. "No sólo prosperábamos en nuestras propias almas como iglesia, sino que teníamos un avivamiento continuo o nos encontrábamos en lo que se podría calificar con toda justicia de un estado de avivamiento. Nuestros estudiantes se convertían por docenas, y Dios nos daba sombra incesantemente con las nubes de su misericordia. Los fuertes vientos de su divina influencia soplaban sobre nosotros año tras año, produciendo abundantemente los frutos del Espíritu. Siempre he atribuido nuestro éxito en aquella buena labor totalmente a la gracia del Señor".

Aquel espíritu de avivamiento caracterizó a la facultad durante la vida y el ministerio de Finney.

Esto siguió siendo verdad incluso después de terminarse los nuevos edificios y luego que algunas de las primeras luchas hubieron pasado. En 1850, cuando el evangelista celebraba unas campañas en Inglaterra, hizo llegar a la escuela la petición de que oraran para que las bendiciones de Dios permanecieran poderosamente sobre él. Mientras los estudiantes y demás gente estaban intercediendo por Charles Finney, un avivamiento estalló en medio de ellos, trescientas personas se convirtieron antes de que el mismo terminara.

Aproximadamente un año después de su regreso del extranjero, otro avivamiento recorrió la facultad, recibiendo la iglesia de una sola vez a ciento cinco miembros nuevos de entre los convertidos. Luego, en 1866-1867, llegó el "gran despertamiento", que alcanzó a un número extraordinariamente grande tanto de hombres de negocios de la ciudad como de estudiantes.

En 1851, cuando Asa Mahan dimitió como presidente de la escuela, eligieron a Charles Finney para ocupar el cargo. Es significativo que, al año siguiente, la asistencia saltó de 570 a 1.020 estudiantes, el mayor aumento que jamás había experimentado en tan poco tiempo. Excepto durante un cierto período durante la Guerra Civil, el número nunca bajó de los mil. El renombre de Finney como educador cristiano, además de como evangelista, fue el responsable de aquel marcado crecimiento.

Ocupó dicho puesto hasta el 19 de agosto de 1865. Luego, su mala salud y lo avanzado de su edad le obligaron a presentar su dimisión al directorio, la cual, sin embargo, no se hizo efectiva hasta junio de 1866, cuando se eligió a un nuevo presidente para sucederle. Durante aquel año, gran parte del trabajo fue realizado por miembros del cuerpo docente, ya que la deteriorada salud de Finney lo hizo necesario.

Por lo tanto, a lo largo de los quince años que ejerció aquel cargo, ocupó tres posiciones importantes: presidente de la escuela, profesor de teología de tiempo completo, y pastor de la iglesia. Cada uno de estos cargos era suficiente para ocupar todo el tiempo de un individuo. Pero, a causa del sello divino que había sobre su vida, nunca se limitó a llevar la responsabilidad de un solo hombre en las empresas del reino.

Los títulos de Charles Finney como profesor cambiaron con los años; aunque sin duda alguna, sus actividades y el contenido de su trabajo siguieron siendo los mismos. Fue elegido profesor de teología didáctica y polémica el 10 de febrero de 1835. El 27 de agosto de 1840, se cambió el nombre del cargo por el de profesor de teología. Luego, en agosto de 1851, se le dio el título de profesor de teología y filosofía intelectual y moral, el cual fue reemplazado en 1866 por el de profesor de teología sistemática y pastoral. Tres años más tarde, en 1869, aparecía en el catálogo como profesor de teología pastoral, título que ostentó hasta su muerte en 1875.

Durante su mandato como presidente, fue también miembro —por virtud de su posición—, de la junta directiva de la escuela, llevando aquella importante responsabilidad junto con su cargo administrativo.

Desde el principio, hubo estudiantes de la raza negra entre los alumnos de Finney. Uno de ellos llegó con el grupo de rebeldes de Lane. Poco después, otros más asistieron, y desde 1840 hasta 1860, la proporción osciló entre el cuatro y el cinco por ciento del estudiantado. Nunca se pretendió que Oberlin fuera una escuela para gente de la raza negra, pero se admitía a ésta sobre las mismas bases que a los estudiantes blancos.

"Pero la postura de Oberlin en este asunto", escribe Beardsley, "y sus bien conocidas simpatías por la causa abolicionista, suscitaron prejuicios contra la facultad. Tan grandes fueron éstos, que durante cuatro años sucesivos, finalizando en 1842, hubo intentos por parte del poder legislativo de Ohio de anular el permiso legal de la escuela".

El lado devocional de su enseñanza era importante. Muchas veces convertía sus sesiones de clase en reuniones de oración, en las que el Espíritu desbordaba su propia alma y avivaba espiritualmente a los estudiantes. He aquí un ejemplo que relata Leonard Parker:

"Una mañana, cuando estaba próximo el final del curso académico y muchos de sus alumnos se graduaban, Finney comenzó su clase con el tiempo devocional acostumbrado. Pronto lo más profundo de su corazón se quebrantó, derramando un poderoso manantial de súplicas por la clase, por sus antiguos colaboradores, por el ministerio, por la iglesia comprada con la sangre de Jesús . . . Algunas veces parecía estar guiando la oración, otras encontrarse a solas con Dios . . . Permanecimos de rodillas una hora entera, y luego nos levantamos silenciosamente y fuimos a nuestros dormitorios".

Aquello ocurrió en 1838. Por otro lado, A. M. Hills —quien fuera alumno de Charles Finney durante los últimos años de la vida del evangelista—, afirma que lo mismo ocurría entonces, que Dios irrumpía en la clase, bendiciendo tanto a los estudiantes como al profesor.

Como educador, Finney pretendió algo más con su enseñanza que llenar las cabezas de conocimiento. Consideró a la enseñanza como un medio de alcanzar los corazones, de ennoblecer el alma, de cambiar las vidas . . . y para él, la instrucción sin corazón era un fracaso espiritual. La cultura sin el bautismo del Espíritu Santo era impotente para alcanzar a un mundo moribundo. Enseñó que las vidas de los hombres debían ser modeladas para fines espirituales, y para alcanzar tal propósito, su enseñanza necesitaba de la misma iluminación divina que su predicación.

Capítulo 10

Extraordinarios avivamientos

El aula no podía ya retener a Finney cuando entraba el invierno, porque su alma se agitaba con la vibración del evangelismo. Para él, el enseñar era una pasión subyugante, como también la verdad filosófica y dogmática, siempre que estuvieran bautizadas con el Espíritu Santo y bendecidas por el Señor. El directorio de la escuela le había prometido que cada invierno estaría libre para emplear su tiempo en las campañas de avivamiento, y permaneció fiel a aquel compromiso con su Maestro mientras su salud se lo permitió.

Había adquirido fama de evangelista en los primeros diez años de servicio, pero su vigor para ganar almas no habría de cesar luego de hacerse profesor en la Universidad. De hecho, muchos de sus avivamientos más notables ocurrieron después de aquello. De Evans Mills al Tabernáculo de Broadway había sido un gran salto para un servicio de diez años; pero la dirección de Dios lo hizo posible. Tampoco Oberlin y las aulas fueron un entreacto entre avivamientos, sino que más bien se convirtieron en medios para extender su evangelismo a círculos más amplios.

En 1842 predicó en Boston, y luego, su amigo y benefactor Josiah Chapin —cuya contribución anual de seiscientos dólares ayudaba a vivir al evangelista—, le llamó a la ciudad de Providencia. En aquel caso sintió que tenía una deuda de amor que pagar.

Desde el principio, las bendiciones notables de Dios estuvieron sobre las reuniones, hasta que el número de buscadores se hizo tan grande que el sótano, aproximadamente del tamaño del auditorio de la iglesia, estaba atestado hasta desbordar. "Noche tras noche", relata Finney, "aquella habitación se llenaba de regocijados convertidos y de temblorosos pecadores que inquirían".

Aquel estado de cosas, según el evangelista, continuó durante dos meses. Estaba agotado, ya que había pasado todo el tiempo anterior en Boston celebrando reuniones. Fue así que partió camino a su casa por la vía de Rochester. Una vez en dicha ciudad, los miembros de la Asociación del Cuerpo de Abogados le dirigieron una petición escrita para que predicara una serie de sermones a los juristas. Finney no estaba consciente de la actitud intelectual semiescéptica que existía entre ellos; aunque había "un número considerable de abogados piadosos" que se habían convertido en su campaña anterior.

Una noche, al cierre de su sermón, sintió un tirón en su faldón, y al mirar alrededor vio a un juez importante quien le preguntó: "Señor Finney, ¿querría orar por mí nombrándome? Me sentaré en el banco del frente de los que piden oración".

"Cuando anuncié lo que me había dicho, aquello produjo una conmoción extraordinaria a la que siguió una gran explosión sentimental . . . Los abogados se levantaron *en masa* y se agolparon en los pasillos, llenando el espacio abierto que había al frente, allí donde pudieran conseguir un lugar para arrodillarse".

Otro día, cuando entraba en el culto, un letrado le salió al encuentro a la puerta, y tendiéndole un papel, dijo: "Le entrego a usted esto como siervo del Señor Jesucristo". Cuando lo examinó, se encontró con que era una escritura de traspaso redactada de la manera adecuada y debidamente formalizada, en la que cedía al Señor Jesús toda propiedad sobre sí mismo y sobre todo lo que poseía.

Cuando se le preguntó cómo promovió aquel avivamiento, Finney contestó: "Las medidas fueron sencillamente: la predicación del evangelio y una oración abundante . . . haciéndose siempre mucho hincapié en la oración como un medio esencial para promover un avivamiento".

Varios de los abogados que se convirtieron en ese despertamiento entraron en el ministerio, consiguiendo muchos de ellos un éxito notable.

Trece años después, en 1855, se invitó de nuevo a Charles Finney a predicar en Rochester, donde una vez más ocurrieron muchas conversiones asombrosas. En aquella campaña, los comerciantes hicieron arreglos para que sus dependientes asistieran a los cultos durante el día. "Aquello se hizo tan general por toda la ciudad, que en todo lugar frecuentado por el público: los almacenes, las posadas, los bancos, los transportes y cualquier otra parte, la obra de salvación que estaba teniendo lugar era el tema absorbente de las conversaciones", afirma el evangelista.

Dicha obra de salvación de almas continuó hasta que "parecía que toda la ciudad iba a convertirse".

El invierno siguiente, estuvo en Boston: el corazón del universalismo y el unitarianismo. Beecher le dijo: "Señor Finney, no puede trabajar aquí del mismo modo en que lo hace en cualquier otro lugar. Tiene que seguir un curso diferente . . . Los cimientos del cristianismo se han desmoronado".

A lo que el evangelista respondió: "Durante el invierno, el Señor dio a mi propia alma una completa renovación y un bautismo fresco de su Espíritu. Mi mente fue grandemente absorbida en la *oración* . . . y ejercitada en el asunto de la santidad personal.

"Me entregué a mucha *oración*. Me levantaba a las cuatro de la mañana . . . y me ocupaba en la *oración*. Con frecuencia *oraba* hasta las ocho. Pasaba mucho tiempo *de rodillas*, considerando el asunto desde todos los ángulos y rindiendo todo a la voluntad de Dios.

"En todos los ejercicios de mi mente, parecía estar escrito: SANTIDAD AL SEÑOR . . . A menudo me encontré sonriendo como si estuviera delante de Dios y diciendo que no quería nada".

Aquello era lo que Finney necesitaba para poner sitio a la fuente de la duda intelectual y de la degeneración espiritual. La renovación de su alma, como expresa, y el fresco bautismo del Espíritu Santo le proveyeron un enfoque revitalizado de los viejos problemas de la duda. En aquel punto, comprendió que cuando el corazón era calentado por los fuegos de la convicción y completamente despertado por la conversión, las dudas expresadas por los escépticos y unitarios desaparecían. Así que, para obtener un avivamiento en Boston, lo único que hizo fue encender de nuevo los fuegos santos que ardían en su alma. Aquel encenderse resultó contagioso, y otros lo contrajeron.

Pocos años después de dicha renovación, en 1847, murió su esposa "en una actitud celestial". Al principio, Charles Finney fue agobiado por el dolor, pero cuando el Espíritu Santo le habló, supo que ella estaba en el cielo.

Durante muchos años, Finney había estado recibiendo llamadas de Inglaterra, donde sus *Conferencias sobre los avivamientos* le prepararon el terreno. En el otoño de 1849, el Espíritu le guió a aceptar aquellas invitaciones. Su primera campaña fue en Houghton, donde "el avivamiento comenzó inmediatamente, atrayendo a gente de setenta y más kilómetros a la redonda". El mismo éxito ganando almas caracterizó a sus reuniones en Birmingham, donde a menudo las iglesias se llenaron hasta rebosar, y las salas de oración se abarrotaron con ansiosos buscadores.

En aquellos cultos fue en gran manera ayudado por su segunda esposa: Elizabeth Atkinson, natural de Rochester. Su presencia en las reuniones realzó el trabajo del evangelista.

Mientras predicaba en Worcester, recibió la petición de celebrar una campaña para el doctor John Campbell, director de la revista *British Banner*, y pastor del Tabernáculo Whitefield, en Londres. Comenzó dichas reuniones en mayo de 1850, predicando como lo hacía siempre a aquellos londinenses: "Para convencer a la gente de pecado tan profunda y universalmente como fuera posible". Después de predicar durante varias semanas en aquella línea, vio que era tiempo de llamar a los buscadores.

"¿Tiene usted una sala adonde pueda invitar, después de la predicación, a los que desean buscar más de Dios?", preguntó al pastor. El doctor Campbell le contestó que estaba el salón de los niños, que podía sentar "aproximadamente a treinta o cuarenta". "Eso no es ni la mitad de grande de lo que necesitamos", respondió Finney pidiendo una mayor.

Calle abajo, un trecho más allá, pasando una curva, estaba la escuela, con capacidad para mil quinientos o mil seiscientos, y "por descontado no querrá usted ésa", dijo el ministro.

"Ese es el lugar apropiado", contestó enseguida el evangelista.

Después de predicar aquella noche, Charles Finney exhortó a quienes quisieran conocer al Señor como Salvador a que se encontraran con él en una reunión de búsqueda del Señor en el colegio. Por temor a ser mal entendido acerca de quienes quería que fueran, dijo: "Los que profesan ser religiosos no están invitados a la misma . . . los pecadores indiferentes tampoco . . . Se espera que asistan aquéllos, y sólo aquéllos, que no son creyentes, pero que están inquietos en cuanto a la salvación de sus almas".

Luego, volvió a repetir sus instrucciones, no queriendo llenar el edificio de curiosos. Desde luego, Campbell, desconfiado, "miró por la ventana para ver el camino que tomaba la congregación". Sin embargo, no hubiera necesitado hacerlo, ya que Finney había sido guiado por Dios.

El mismo doctor Campbell calculó que no había menos de mil quinientos o mil seiscientos buscadores arrodillados en la reunión. "Una vez que hube echado la red del evangelio concienzudamente a su alrededor, me preparé para arrastrarla a tierra", dice Charles Finney. Los pasillos de la casa eran tan estrechos y estaban tan atestados de gente que fue imposible utilizar el banco de oración de los buscadores, ya que cada asiento y lugar era uno de aquellos.

Esto sucedió muchas veces durante los meses que siguieron, y el evangelista dijo que había visto a tantos como dos mil a la vez buscando de rodillas al Señor.

Después de un corto viaje a Francia para descansar, en mayo de 1851 volvió a sus responsabilidades universitarias. Pero los problemas de la escuela sólo podían retener su atención durante el verano y el otoño, y cuando llegó otra vez el invierno, Charles Finney tomó de nuevo sus enseres evangelísticos. Esta vez fue a Hartford, donde era pastor Bushnell, quien se encontraba en medio de una controversia teológica a causa de su errónea doctrina de la redención. También estaba preparando el marco para su doctrina de educación cristiana que eliminaba la necesidad de que los niños se convirtieran. Finney dejó aquellas discusiones dogmáticas a otros, confiando en que el tiempo las resolvería y puso a orar a quienes tenían inclinaciones espirituales.

"En aquel avivamiento", dice, "hubo mucha oración. Los nuevos convertidos se entregaron a orar intensamente", organizando un grupo de intercesión que finalmente no cupo en la habitación de la casa donde se les había invitado a celebrar el culto. Aquellas reuniones se multiplicaron hasta que un cierto número de ellas se celebraban en diferentes casas cada noche después de la predicación. Bajo tales circunstancias, Dios no podía sino darle almas al evangelista.

Las reuniones femeninas de la señora de Finney fueron muy usadas en la salvación de mujeres. Dios la había guiado a este trabajo estando en Londres.

Al invierno siguiente, después de pasar una temporada en la sala de clase de la escuela, el evangelista se encontraba en Siracusa, estado de Nueva York. "Donde hubo un gran movimiento entre los huesos secos", y las conversiones "se multiplicaron por todos lados".

Cada primavera volvía a su tarea de enseñanza en Oberlin, llevando a cabo campañas de avivamiento en cualquier lugar adonde Dios parecía dirigirle. En el invierno de 1854-1855, volvió a su primer escenario de trabajo: Western y Roma. Una nueva generación había crecido en aquellos lugares desde su primer avivamiento. El Señor usó de una manera extraordinaria al evangelista en Western, guiándole a predicar acerca de la restitución y del encubrimiento de los pecados.

Poco después de terminar el sermón, le vinieron a la mente muchos casos de restitución, y luego de contar acerca de mujeres jóvenes que devolvían prendas de ropa robadas y de muchachos que hacían reparación de sus fraudes, dice Finney: "Parecía que la Palabra del Señor daba en el clavo con tanto poder en aquella ocasión y en esa ciudad, como para descubrir una verdadera guarida de iniquidades".

En el invierno de 1855, el evangelista estaba de nuevo en Rochester, siendo llamado a Boston al siguiente. Allí comenzó su trabajo en la Iglesia Congregacionalista de la Calle Park, donde su primer sermón fue dirigido a despertar a la iglesia en cuanto a la necesidad de tener un avivamiento. De esto, dice: "Siempre comenzaba intentando provocar un interés completo y penetrante entre los que profesaban ser religiosos, para procurar la recuperación de aquellos que estaban descarriados y descubrir a los que se engañaban a sí mismos, si fuera posible trayéndolos a Cristo".

La obra de salvación fue extensa, y cuando llegó el momento de partir en la primavera, prometió volver al otoño siguiente para continuar la campaña. Aquel invierno de 1857-1858, fue el tiempo del gran avivamiento de oración que sacudió a los estados del norte del país.

Este comenzó en una reunión de oración en la Iglesia Reformada Holandesa de la Calle Fulton, en Nueva York, donde Joseph Lanipher empezó a pedir un despertamiento. Desde allí, se extendió por toda la ciudad, y saltó a otros lugares, tomando a Filadelfia y llegando hasta Boston.

Aquellas reuniones de oración se establecieron por todo el norte de los Estados Unidos, y Finney dice acerca de ellas: "Recuerdo que en uno de nuestros cultos de oración en Boston aquel invierno, un caballero se levantó y expresó: 'Yo soy de Omaha, Nebraska, y en mi viaje hacia el este he encontrado una reunión de oración continua a lo largo de aproximadamente tres mil kilómetros' ".

El Señor empezó una limpieza general en Boston a partir de un culto de oración del mediodía en la Iglesia del Viejo Sur, estableciéndose reuniones diarias para orar en otras partes de la ciudad. Los grupos de ora-

ción de mujeres de la señora de Finney, estaban atestados. Charles Finney predicaba por toda la ciudad, y en todos lados las almas se convertían a cientos, hasta que se perdió la cuenta de los que se entregaron a Cristo.

"Una influencia divina parecía saturar todo el país", afirma el evangelista, ". . . este avivamiento fue llevado adelante, en gran parte, por medio de reuniones de intercesión y de esfuerzos personales. Los ministros no se opusieron al mismo, sino que la impresión general parecía ser: 'Hemos recibido instrucción hasta llegar a ser insensibles; ha llegado el momento de orar'. Como respuesta a aquella oración, las ventanas de los cielos se abrieron, y el Espíritu de Dios se derramó como un diluvio".

Los periódicos de Nueva York y de todas partes dedicaron números enteros a las noticias del avivamiento. Durante el primer año del mismo, se estimaron en quinientas mil las almas convertidas, y en un millón antes de que dicho avivamiento terminara de recorrer su curso trazado por la oración.

Mientras Finney predicaba en Boston por aquel tiempo, Theodore Parker, un predicador unitario, hizo todo lo que pudo para bloquear las ruedas del despertamiento. El evangelista buscó mantener una conversación privada con él, pero se le negó este privilegio. Mucha gente, bajo profunda convicción debida a la predicación de Charles Finney, iban al Palacio de la Música a escuchar a Parker y perdía aquel sentimiento de la amenazante condenación de su alma.

El evangelista no conocía más que una forma de resolver el problema: la oración. Cuarenta creyentes se reunieron en la sacristía de la Iglesia de la Calle Park y oraron para que Dios triunfara sobre el mal que estaba causando el ministro unitario. Rogaron al Señor hasta que obtuvieron el testimonio.

"¡Ya lo tengo!", gritó un hombre, "Dios oye nuestras oraciones".

Desde aquella hora, la corriente cambió. Parker se enfermó y huyó de la ciudad a Europa en busca de salud, la cual no pudo encontrar. Nunca volvió a Boston, ya que murió en Florencia.

En una carta que se leyó en la Convención en Memoria de Finney, celebrada en Oberlin el 28 de julio de 1876, Edwin Lamson escribe: "Las personas de todas las denominaciones evangélicas eran de tal manera de una misma mente en esto, que acordaron apartar un día para orar especialmente pidiendo que Dios convirtiera a Theodore Parker o de algún modo destruyera su influencia, y así los pecadores no tropezaran más por causa de sus enseñanzas. Aquél sería un día que habría de recordarse por mucho tiempo".

Lamson fue uno de los que oraron, y Finney pudo decir que Dios aún oye y contesta las oraciones.

El Señor tenía todavía para él otro año de poderosa salvación de almas, antes de que aquellos arduos trabajos fueran puestos a un lado. Aquel invierno evangelístico de 1858-1859 transcurriría en Inglaterra.

"La iglesia y el ministerio en este país [Estados Unidos] habían llegado a estar tan extensamente comprometidos en la promoción de los avivamientos, y la bendición de Dios asistiendo tanto los esfuerzos de los laicos como de los ministros era tal", dice Finney, "que decidí volver y pasar otra vez la estación en Inglaterra, para ver si la misma influencia no penetraría a esa nación".

Aquélla demostró ser una temporada provechosa para el evangelismo. Acerca de la labor, Charles Finney hace declaraciones como la siguiente: "Pasé varias semanas trabajando en Houghton y en Saint Ives, donde vimos preciosos avivamientos. En la segunda, nunca antes habían tenido uno . . . La campaña tuvo un efecto poderoso allí".

La siguiente esfera de servicio fue Londres, donde "el Espíritu de Dios se derramó . . . en un estado de gran convicción". De la campaña en Huntington, dice: "Aquélla cambió en gran manera el aspecto religioso de la ciudad".

Después de su trabajo en Londres, el evangelista aceptó una llamada para colaborar con un tal doctor Kirk, de la Iglesia de la Unión Evangélica en Edimburgo, Escocia, cuya denominación era el resultado de un avivamiento que estallara mediante la lectura del libro de Finney: *Conferencias sobre los avivamientos*. Allí las victorias se ganaron de rodillas, y las almas fueron despertadas a sus posibilidades espirituales en Cristo. De Edimburgo, fue llamado por un pastor de la misma denominación a trabajar en Aberdeen, donde un misericordioso despertamiento barrió la ciudad.

Sin embargo, fue en Bolton —uno de los campos de labor de Wesley—, donde ganó sus mayores victorias en cuanto a la salvación de almas. Allí el avivamiento continuó durante tres meses. Como de costumbre, Finney hizo que los cristianos oraran y trabajaran. Recomendó que visitaran de dos en dos cada casa de la ciudad, y a ser posible oraran en ellas. "Inmediata y valientemente se juntaron para realizar dicha tarea", señala.

La ciudad se despertó, y Finney dice que si su edificio hubiera tenido capacidad para un número tan alto, diez mil personas habrían asistido a los cultos. Una tarde, en cierta fábrica de algodón, sesenta trabajadores fueron guiados a una gozosa relación con Cristo.

Después de que el evangelista predicara una noche acerca de la confesión y la restitución, un hombre del auditorio devolvió siete mil quinientos dólares que había estafado a alguien; otra persona restituyó treinta mil dólares.

A continuación de aquella campaña, fue a Manchester, donde Finney —presidente de Oberlin (por lo menos durante el verano) y gran ganador de almas de Dios (en el invierno)—, recibió muchas cartas pidiéndole que volviera. Tenía ahora sesenta y ocho años, y durante casi cuarenta había estado realizando unas tareas prodigiosas, en realidad haciendo el trabajo de varios hombres. En Oberlin, el sentimiento iba en aumento de que no tenía que contar más con tener avivamientos durante los períodos académicos de la escuela.

Con tales sentimientos en su mente, él y su esposa volvieron sus rostros hacia la Universidad en los bosques. Regresó a su hogar, dejando atrás uno de los avivamientos más poderosos que jamás presenciara. En ese tiempo se enfermó con un ligero catarro, al que siguió una enfermedad que le duró tres meses.

Estaba interiormente inquieto acerca del creciente sentimiento que manifestaba la escuela. De ello, dice: "Vi que en Oberlin parecía ir en aumento la impresión de que durante el período escolar no podíamos contar con tener un avivamiento, sino que éstos había de esperarse que acontecieran en las largas vacaciones invernales . . . Pero yo había venido a la facultad y residía allí por causa de los estudiantes, para procurar su conversión y santificación".

Al contestar a dicho sentimiento, dijo que si tal iba a ser la idea generalizada, aquella escuela no era el lugar apropiado para él. "Sentí libertad para decir", expresa, "que a menos que pudiera haber un cambio, Oberlin no era por más tiempo mi campo de trabajo".

Aquel viaje a Inglaterra fue la última de las giras evangelísticas de Finney. "Desde 1860", refiere, "aunque he sido continuamente apremiado por algunas iglesias para ir a trabajar como evangelista, no me he atrevido a aceptar dichas peticiones . . . Me he sentido inadecuado para hacerle frente al trabajo que

representa el procurar avivamientos en el extranjero".

Sin embargo, Oberlin fue renovado por varios avivamientos antes de la muerte del evangelista. En 1866-1867, los fuegos ardieron de nuevo en gran manera en la escuela. He aquí el último relato de Charles Finney de una reunión:

"Así he traído la narración de los avivamientos hasta hoy: 13 de enero de 1868. Ayer, domingo, tuvimos un día muy solemne en la Primera Iglesia. Prediqué durante todo el día acerca del resistir al Espíritu Santo. Al final del culto de la tarde, pedí que todos los que profesaban ser religiosos se levantaran y se unieran a nosotros en la oración . . . Entonces tuvimos un tiempo de plegaria muy solemne".

Dos o tres años más tarde, el doctor A. M. Hills, entonces un estudiante de Finney, dice: "Un domingo por la tarde, vi a cien personas —la mayoría estudiantes—, bajar de la galería y congregarse delante del púlpito para que se orara por ellas, y para entregarse a Dios; aunque no había habido ningún culto extraordinario en el pueblo. Aquello era sólo el clímax de una serie de sermones de Charles Finney dirigidos expresamente a dicho fin".

Así que, prácticamente hasta el final de su magnífica vida, la única petición del evangelista fue por almas. Por aquel entonces ya pasaba bastante de los setenta y cinco años, pero el hombre que había ganado tantos cientos de miles en los púlpitos de otros, no podía ir a la tumba sin estar seguro de que su propio púlpito y su propia iglesia hubieran sido del mismo modo escenario de derramamientos espirituales. Quería que los últimos gritos que resonaran por los pasillos de su oscurecida memoria, a medida que la tierra se alejaba y el cielo se hacía más próximo, fueran los de almas recién nacidas.

Capítulo 11

Conversiones maravillosas y fe poco común

Hubo muchas conversiones notables conectadas con los avivamientos de Finney. Cuando la luz divina irrumpió en su propia alma, lo hizo con extraordinaria gloria y poder, y tales experiencias habrían de reproducirse en sus campañas. Sin embargo, Dios tenía para él una tarea que le distinguiría de los demás en cuanto a sus consecuencias. Muchas veces, una profunda convicción caía sobre sus auditorios hasta hacer que los individuos gimieran como estando a punto de morir. Según decía Charles Finney, "estaban muriendo a la llamada del mundo y al poder del mal en sus vidas, para ser levantados con Cristo en la novedad de la vida divina".

Mientras el evangelista predicaba en la ciudad de Roma (Estados Unidos), un profundo temor reverente llenó la ciudad, y el poder de convicción del Espíritu Santo estuvo en gran manera sobre la gente. Los diluvios de Pentecostés barrieron literalmente aquel lugar, yendo y viniendo de las iglesias a las casas, a las calles . . . inundando hoteles, almacenes, bancos y escuelas . . . Luego, el alguacil vino desde Utica a la campaña. Charles Finney cuenta así la historia:

"El estado de cosas en el pueblo y sus alrededores era tal, que nadie podía entrar en el mismo sin sentirse lleno de temor ante la impresión de que Dios estaba allí de una manera particular y maravillosa. El alguacil del condado residía en Utica, y había dos tribunales en la misma región: uno en Roma y otro en aquella ciudad. Más tarde, aquel policía me contó que al oír acerca de lo que pasaba en Roma, él y otros se habían reído bastante *en el hotel* donde se hospedaba".

Ese mismo hotel —entonces escenario de la burla—, se transformaría en un centro de santo avivamiento antes de que terminaran las reuniones de Utica.

"Cierto día", continúa relatando Finney, "a este hombre le fue necesario ir a Roma. Quería ver por sí mismo qué era aquello de lo que tanto hablaba la gente, y observar el verdadero estado de cosas en dicha ciudad; por lo que viajó en su trineo de un solo caballo sin ninguna impresión particular en su mente, hasta que cruzó el viejo canal, un lugar aproximadamente a kilómetro y medio del pueblo".

Cuando lo hizo, le confrontó de repente una sensación de parte de Dios de inminente condenación espiritual, la cual se asentó como un paño mortuorio sobre su alma y ensombreció sus pensamientos. Era "un temor tan profundo que no podía librarme de él", dice el alguacil. Sintió como si toda la atmósfera estuviera saturada de la presencia del Señor. Cuanto más se aproximaba a la ciudad, tanto más densa se hacía la nube divina.

Cuando llegó al hotel, y luego de que el mozo de la cuadra se hubo llevado su caballo, le pareció al policía que el hombre tenía todo el aspecto de sentirse igual que él: "Como si tuviera miedo de hablar". Notaban la cercana presencia de Dios de la misma manera que si estuvieran en el escenario del Sinaí, y oyeran la voz divina, sus truenos y ruidos sacudiendo la montaña.

Al encontrarse con la persona con quien tenía que tratar ciertos asuntos, no pudo atender a los mismos, ya que "todos estaban claramente tan impresionados que apenas lograban prestarle atención".

Estando sentados a la mesa, el alguacil tuvo que levantarse abruptamente e ir a la ventana "para distraer su atención y no llorar, y observó que los demás parecían sentirse como él. Nunca antes había concebido tal temor, ni tan solemne situación".

No asistió a la campaña, sino que regresó a Utica, pero nunca más volvió a burlarse de las cosas de Dios, ni a reírse de los avivamientos de Finney.

Poco después, cuando las reuniones se trasladaron a su ciudad, aquel alguacil fue al culto una noche. Después de que Finney leyera su texto y hablara por unos momentos, notó que el policía "se dio la vuelta deliberadamente, se envolvió en su largo abrigo, y se arrodilló, continuando así todo el resto del culto".

Al retirarse a su habitación de hotel, guardó como un tesoro en su mente aquel sermón, y dijo a su alma: "Alma mía: ¿aceptarás a Cristo, abandonarás el pecado y te rendirás a Dios? ¿Lo harás ahora?" Hizo hincapié en el "ahora y el aquí" de la aceptación, mientras yacía tendido en su cama. "Allí mismo, su angustia le dejó tan de repente que se quedó dormido, y no se despertó hasta pasadas varias horas. Cuando lo hizo, encontró su mente llena de paz y de descanso en Cristo. Desde aquel momento se convirtió en un fervoroso obrero cristiano entre sus conocidos".

Pronto guió hasta el Maestro al conserje del hotel. "El Espíritu Santo se apoderó tremendamente de aquella casa . . . En verdad, aquel hotel, el más grande de la ciudad, se convirtió en un centro de influencia espiritual, y muchos se entregaron a Cristo en el mismo. Las diligencias, al atravesar el pueblo, paraban allí, y tan poderosa era la impresión en la comunidad, que oí varios casos de personas que sólo se detuvieron para comer, o pasar allí la noche, las cuales cayeron bajo profunda convicción y se convirtieron antes de abandonar la ciudad de Utica".

Era el comentario corriente por aquel entonces, que nadie podía estar en aquel lugar o en Roma, o pasar por cualquiera de dichas ciudades sin "tener conciencia de la presencia de Dios; de que una influencia divina parecía penetrar aquel sitio y toda la atmósfera estar saturada de la vida del Señor".

Más tarde, en Filadelfia, ocurrió otra conversión maravillosa. Una señora, cuyo esposo era un descreído, se convirtió gloriosamente después de hacer frente a las amenazas de éste para que no asistiera a las reuniones de Finney. Ella le preguntó al evangelista su parecer, y aquél le respondió: "Es un infiel, y por lo tanto no hay que respetar sus opiniones acerca de los asuntos religiosos".

"Pronto conoció la libertad del evangelio, y experimentó una gran fe y tranquilidad en su alma, gozando de la presencia del Señor. Aquello desagradó en gran manera a su marido, quien por último llegó hasta amenazarla con quitarle la vida si volvía a asistir a la campaña".

Le había visto enfurecido tan a menudo que no dudó que cumpliría su amenaza. Aun consciente de aquello obedeció al impulso celestial y fue.

"Al volver de la reunión, le encontró sumamente airado. Tan pronto como entró por la puerta, el hombre cerró la misma y quitó la llave de la cerradura; entonces, sacando un puñal juró que la iba a matar. La mujer subió corriendo las escaleras, mientras su marido tomaba una lámpara para seguirla, pero la sirvienta apagó la luz cuando pasaba cerca de ella, lo cual dejó a ambos a oscuras".

Aquella esposa fue de una habitación a otra, subiendo y bajando las escaleras . . . y entrando en la cocina, llegó hasta la bodega. Mientras el hombre con el cuchillo en la mano tropezaba en la oscuridad intentando atravesarle el corazón, ella logró encaramarse fuera de la ventana del sótano, escapando así y yéndose a pasar la noche con una amiga.

Al volver a la casa, pensó que su esposo se habría apaciguado y la dejaría tranquila. Se encontró con el hogar revuelto, los muebles rotos y todo desordenado. El le salió al encuentro en la puerta, cerró la misma y sacando otra vez el puñal "se echó de rodillas y alzó sus manos, jurando de la manera más horrible que le quitaría la vida".

Aturdida, la mujer le miró y salió huyendo. La carrera comenzó de nuevo, esta vez a la luz del día. Ella subió disparada escaleras arriba, seguida de aquel maniático con el cuchillo en la mano. Fue de habitación en habitación buscando una manera de escapar, pero no halló ninguna. Finalmente su esposo la acorraló.

"Cuando el hombre estaba a punto de asestarle una puñalada, la esposa cayó de rodillas y levantando las manos al cielo clamó por misericordia para ella y para su marido.

"En ese momento, *Dios lo detuvo*. Aquel hombre miró a su esposa por un momento, luego tiró el puñal y cayó al suelo pidiendo también misericordia. Allí mismo se quebrantó, confesó sus pecados al Señor y a ella, y rogó a ambos que lo perdonaran".

Una gran paz sopló a través de las abrasadas regiones de su ser interior, y se levantó como un hombre cambiado por Dios. Desde entonces fue un cristiano celoso, que se esforzaba por traer a otros a la comunión con Cristo, aquel que tan maravillosamente le había transformado.

Durante la primera campaña de Charles Finney en Búfalo, Dios le dio un caso extraordinario de convicción y conversión en la persona de un rico e influyente abogado. Una de las cosas interesantes de aquellas reuniones, fue el hecho de que el Señor no hizo diferen-

cia entre persona y persona, alcanzando a gente de toda clase social. Algunos eran del estrato más alto de la sociedad, otros la más baja escoria de la humanidad. En esta ocasión se trataba de un jurista escéptico quien "se rebelaba resueltamente contra las enseñanzas del avivamiento". Finney, en sus sermones, se especializó en las necesidades del abogado.

"Le acosé en sus refugios", relata el evangelista, "contestando a todas sus objeciones y combatiendo todas sus excusas".

El hombre llegó a sentirse intelectualmente molesto y agitado, declarando que no creería tales doctrinas. Pero el Espíritu de Dios trabajaba en su alma mientras Finney lo hacía en su mente, y como dice el predicador: "No dudé en importunarle de una forma u otra en cada uno de mis sermones en cuanto a su renuencia a aceptar al Señor Jesús como su Salvador".

Una noche, este hombre se sentó enfrente de un conocido burlador, quien a medida que el sermón de Charles Finney remachaba el clavo con una lógica aplastante, le miraba desde el otro lado del pasillo y se sonreía como diciendo: "¿No le creemos, verdad?" Aquello irritaba al abogado, ya que no quería identificarse con tan bajo tipo de incrédulos. Se consideraba por encima de ellos un genio intelectual, y tampoco quería identificar sus dudas con las de ellos.

En dicha reunión, Finney apremió de tal manera a las conciencias de los pecadores a que aceptaran *ahora* y *de buena gana* venir a Cristo, que el abogado apenas se podía contener. Al terminarse el culto, el pasillo estaba atestado, y la gente empujó al jurista con tal fuerza que éste maldijo abiertamente, y su esposa temió que hubiera contristado al Espíritu Santo haciendo que se fuera.

Una vez en su casa, no lograba dormir, y finalmente salió a una arboleda cercana donde podría orar en voz alta y quitarse la carga que abatía su corazón. Pero, para su tormento y sorpresa, se encontró con que no conseguía orar.

"No tenía palabras, ni tampoco deseos que pudiera expresar con sus labios. Su corazón estaba tan duro como el mármol, y no sentía absolutamente nada en cuanto al asunto. Permaneció de rodillas decepcionado y confundido, dándose cuenta de que si abría la boca para orar, no tendría nada en forma de plegaria que expresar con sinceridad".

Decidió intentar con el Padrenuestro, y empezó: "Padrenuestro . . .", pero luego se detuvo, sintiéndose un hipócrita por llamar a Dios Padre. ". . . santificado sea tu nombre . . .", dijo tratando de nuevo y sobresaltándose, ya que sabía que él mismo no santificaba el nombre del Señor.

"Venga tu reino . . .", continuó. No obstante, reconocía que no deseaba que el reino viniera, y aquellas palabras casi le ahogaron. "Hágase tu . . .", pero él no quería que se hiciera la voluntad de Dios, y su corazón se alzaba contra la misma, "y no podía decirlo". En aquel punto se encontraba cara a cara con dicha voluntad. Se le había dicho que estaba oponiéndose a la misma . . . Pero allí, de rodillas y con el Padrenuestro en sus labios se enfrentaba con la cuestión, y veía con toda claridad que lo que le dijeran era verdad: que no estaba deseoso de que se hiciera la voluntad del Señor.

Allí estaba todo el asunto de su rebelión, y éste le confrontó con tanta fuerza que supo que debía rendir aquella oposición voluntaria al curso que Dios tenía para su vida. "Entonces, reuniendo toda su decisión, exclamó en voz alta: 'Sea hecha tu voluntad, como en el cielo, así también en la tierra'. Estaba plenamente consciente de que con aquellas palabras entregaba su propio deseo, de que aceptaba la voluntad del Señor: toda la voluntad del Señor, que se había rendido por completo a Dios y aceptaba a Cristo tal y como se le

presentaba en el evangelio. Abandonaba sus pecados y aceptaba el deseo del Padre como norma universal de su vida".

La paz descendió sobre su sometida alma, y la rebelión terminó. "Sus sentimientos se sumieron en una gran tranquilidad, y una dulce paz parecía llenar todo su ser". De allí en adelante fue un fervoroso obrero, dándole más tarde a Dios un hijo para el ministerio.

Mientras que estas conversiones fueron notables por el hecho de que el Señor acabó con toda oposición y por fin obtuvo el dominio supremo de aquellas almas, otros se endurecieron en su resistencia al Espíritu Santo y cayeron muertos. En las Memorias de Finney se señalan muchos de estos últimos casos, de los cuales el que sigue es un ejemplo:

"Pero en aquel avivamiento [en Roma], como en otros que he conocido", dice el evangelista, "Dios hizo algunas cosas singulares en justicia".

Había tres hombres que resistían continuamente la llamada del Señor durante aquella campaña, los cuales habían decidido no recibir la salvación que ofrecía el predicador ni aceptar el llamado de Dios. La atmósfera del avivamiento estaba tan cargada con la temible presencia de Dios —como se hizo notar en la historia de la conversión del alguacil—, que las personas no podían escapar al sentimiento de que el Todopoderoso las estaba confrontando.

Aquellos hombres llegaron hasta la desesperación tratando de eludir la advertencia del Espíritu Santo. Uno de los domingos, en particular, cuando la campaña había alcanzado un alto grado de convicción, decidieron ahogar las perturbaciones de sus almas en una juerga. Se emborracharían hasta quedar insensibles, y así Dios no podría amonestarlos.

"Pasaron el día bebiendo y ridiculizando la obra de Dios", dice Finney, "y esto hicieron hasta que uno de ellos cayó muerto".

"¡No hay duda!", dijo el ministro, "Dios ha derribado a ese hombre y lo ha enviado al infierno".

Los compañeros del muerto se quedaron sin habla. No podían decir nada, ya que era evidente para ellos que su conducta había traído sobre él "aquel terrible golpe de la indignación divina".

Charles Finney se encontró con muchos ejemplos extraordinarios de fe durante su larga carrera de evangelista. Marcó su labor con mucha oración, sintiendo que de no poder orar él mismo hasta el fin y guiar a otros a que lo hicieran, no sería posible tener ningún avivamiento. De esta manera formó grupos de intercesión con gente que haría lo que fuera necesario con tal de ver la gloria divina inundar su ciudad. Cuenta de una mujer de Siracusa —a quien conoció en 1851—, la cual era notable por su fe.

La llamaban "Mamá Austin", y era una viuda a quien alimentaba literalmente la gente de la ciudad. Esta le dijo a Finney una vez: "Hermano Finney, me es imposible sufrir a causa de ninguna de las cosas necesarias de la vida, ya que Dios me ha dicho: 'Confía en el Señor y haz el bien; así morarás en la tierra y verdaderamente serás alimentada' ".

Y dice el evangelista: "En verdad era conocido de toda la ciudad, por lo que pude saber, que la fe de 'Mamá Austin' se asemejaba a un banco; y que nunca le faltaban las cosas necesarias para vivir, porque dependía de Dios".

Era una persona sin instrucción, pero tanto los pecadores como los cristianos la consideraban una santa. El evangelista dice que nunca contempló un caso de mayor sencillez en la fe que el de ella. De una manera extraordinaria, Dios la alimentaba literalmente cada día. He aquí uno de los muchos ejemplos de aquello:

"En cierta ocasión, un sábado al caer la tarde un amigo suyo inconverso la mandó llamar, y después de hablar un rato le ofreció un billete de cinco dólares. Según explicó, sintió la clara advertencia interior de parte de Dios de que no lo aceptara . . . que habría de ser un acto de justicia propia de aquel hombre que le podría hacer a éste más daño que a ella bien".

Rechazó por tanto el dinero, y el hombre se fue, sabiendo la mujer que sólo tenía bastante madera y comida para pasar el domingo, y que no había manera de conseguir más. Aún así, no temió confiar en el Señor "como hiciera durante tantos años".

El domingo amaneció bajo una fuerte tormenta de nieve, y para el lunes ésta había alcanzado una altura considerable, obstruyendo la calle completamente. Aquel día, ella y su hijo pequeño se encontraron aislados por la nevada, y el niño preguntó: "¿Mamá, qué vamos a comer para el desayuno?" Apenas habían podido juntar suficiente madera para encender un pequeño fuego. "No sé, hijo", contestó, "pero el Señor proveerá".

El chiquillo comenzó a llorar, mientras ella miraba afuera y comprendía que era imposible que cualquier ayuda llegara hasta ellos. Sin embargo, empezó a preparar las cosas para la comida de la mañana, y a poner la mesa, "creyendo que algo llegaría a su debido tiempo".

"Muy pronto", relata Finney, "oyó hablar en voz alta en la calle, y fue a la ventana para ver lo que era, viendo a un hombre en un trineo individual y a algunos otros con él quitando la nieve con una pala para que el caballo pudiera pasar. Así llegaron hasta su puerta, y ¡he aquí que le habían traído abundante leña y provisión! Suficiente para que estuviera tranquila por varios días".

Charles Finney no dejó toda la oración por las necesidades a otros. El mismo se entregaba intensamente a ella en favor de sus campañas, a veces levantándose a las cuatro de la mañana, y otras orando hasta el mediodía e incluso toda la noche.

He aquí un ejemplo de cómo aquel hombre confrontaba a Dios con sus peticiones:

Durante el verano de 1853, Oberlin fue atacado por una gran sequía. Los campos de heno se secaron, de tal manera que no había comida para el ganado. Pronto morirían los animales y la cosecha faltaría *a menos que lloviese.* Los cultivos se habían agotado, los pozos estaban secos, y la tierra reseca se hizo polvorienta.

Un domingo por la mañana, la iglesia estaba llena. No había ninguna nube a la vista y nadie esperaba que cayera una gota de agua del cielo aquel día. La situación era desesperada. Finney se levantó de su silla, caminó hasta el púlpito y alzó la voz en oración.

"¡Oh Señor! Mándanos lluvia. Oramos por lluvia. Nuestras cosechas perecen. No hay ni una pizca de agua para los pajarillos sedientos. La tierra está reseca. El ganado, sofocado, eleva sus voces hacia un cielo de bronce, y mugiendo clama: 'Señor, dános agua . . .'. No pretendemos dictarte lo que es mejor para nosotros, sin embargo, tú nos invitas a venir a ti como hijos a su padre, y a presentarte nuestras necesidades. *¡Queremos lluvia!* Incluso las ardillas en los bosques sufren por falta de ella. A menos que nos la des, nuestro ganado ha de morir . . . *¡Oh Señor, mándanos lluvia! ¡Y mándala ahora!* ¡En el nombre de Jesús! ¡Amén!*

"En la voz del predicador", refiere el ministro de California, "había el dolor del lamento de una criatura. No sé si algún lápiz anotó más de aquella maravi-

---

* Esta oración nos es referida por dos individuos diferentes, ambos testigos presenciales: uno es el reverendo Joseph Adams en sus *Reminiscencias de Charles Finney,* y el otro un estudiante de Oberlin, más tarde pastor en California, que la relata en la revista *Advocate,* y citado por Henrietta Matson en sus *Recuerdos de Charles G. Finney.*

llosa oración, pero todos los que la oyeron hablarían de su osada importunidad. Tenía la expresión patética y el poder de un Isaías".

Luego, el pastor evangelista derramó su alma en un sermón escudriñador "en la misma línea", partiendo del texto: "Pero tengo contra ti, que has dejado tu primer amor".

"No había durado mucho el sermón, cuando una nube aproximadamente del tamaño de la mano de un hombre apareció en el cielo de verano", dice el predicador californiano. "Esta creció rápidamente, mientras el viento hacía resonar los postigos de la vieja iglesia. La oscuridad vino con el aire, y el gozo brotó en nuestros ansiosos corazones al chapaletear las grandes gotas de lluvia sobre las tejas de madera, tostadas por el sol, de la monumental capilla".

La ágil figura de Finney —alto como un guerrero indio y vigoroso como David—, temblaba. Su potente y clara voz se estrangulaba. Dios había oído su clamor . . . Nunca terminó el sermón, ya que los torrentes de agua caían de aquellos cielos abiertos por la oración. El evangelista se inclinó sobre el púlpito y dijo: "Demos gracias al Señor por la lluvia".

Luego anunció el himno:

Cuando todas tus bondades, oh Dios mío,
mi alma al despertar contempla,
arrobado en la visión me pierdo,
en admiración, amor y en alabanza.

La congregación no podía cantar por causa de las lágrimas. Entonces Charles Finney elevó a los cielos una oración de agradecimiento y alabanza. "No puedo recordar ni una palabra de la oración final, pero la respetuosa y tranquila figura, la voz conmovedora y el semblante pálido y reverente, están tan vivos en mi memoria como si fuera ayer. Las aceras de madera de aquel viejo y querido pueblo salpicaban nuestras ropas mientras volvíamos a casa de aquel culto tan corto que habíamos de recordar toda la vida". Este es el testimonio del estudiante que estaba sentado en la galería y vio y oyó a Finney aquella mañana.

Tampoco aquel derramamiento de lluvia cerró la historia de los cielos abiertos. Por la tarde, la congregación atestó de nuevo el edificio, y así el ministro "pudo consolar a los quebrantados del Señor".

"Nunca he presenciado una escena tan solemne", dice el predicador en su relato en *Avance*. "Continuó añadiendo energía y claridad, hasta que los dardos alcanzaron su objetivo . . . Desde las galerías, los asientos laterales y el coro, marcharon con toda seriedad en fila hacia los bancos delanteros. Si la vieja iglesia sentaba a mil quinientas personas, había mil penitentes en su altar aquel día".

En medio de la muchedumbre que lloraba, un imponente hombre de raza negra se levantó en la parte trasera del auditorio para hablar, mientras un ujier le decía a Finney: "Fredrick Douglass tiene algo que decir a la gente".

El gran orador, ahora de pelo gris y encorvado, pasó adelante para pedir perdón, y dijo: "Cuando era joven y esclavo, señor Finney, cuando mi espalda se estremecía bajo los latigazos del amo, me abrazaba fuertemente a Dios y sentía el consuelo de la verdadera religión. Pero la prosperidad ha sido demasiado para mí, y he caído bajo el dominio del mundo, y perdido mi primer amor".

Charles Finney, el inspirado predicador, lloró en alta voz y clamó: "¡Dios te bendiga, hermano Douglass! ¡Dios te bendiga!" Así consoló el evangelista a su hermano predicador.

Aquél era el Finney que el Señor había llamado al evangelismo mundial y dotado de una fe como la de un niño, la cual podía conmover el cielo, abrir las puertas del mismo e inundar tanto la tierra como las almas de los hombres con las aguas celestiales.

Capítulo 12

Incluso en la vejez

La gloria de la vida de Finney y el poder de su vigor espiritual no disminuyeron al llegar a viejo. La edad sirvió para madurar su experiencia de la comunión con Dios. El evangelista solía decir: "Quiero que vivan tan cerca del manantial de la vida, que puedan beber tragos frescos a diario . . .". Este deseo para sus convertidos surgía de su propia experiencia, a medida que el Cristo que moraba en él le llenaba, ya que vivía primero lo que predicaba.

"Durante todo el tiempo que le conocí", afirma George Clark, un estudiante de Oberlin, "fue para mí un misterio dónde conseguía su extraordinario poder. Este siempre parecía estar brotando, siempre abundante. Dicho enigma se resolvió cuando leí sus Memorias. Era Dios quien le hacía de tanta bendición".

Aquella experiencia de "Dios en él" se ensanchó y aumentó a medida que se fue acercando al final de su vida. La energía física declinó, pero la fuerza espiritual se hizo mayor con su edad avanzada. Los que tuvieron contacto con Charles Finney durante sus últimos años, afirman que vieron en él un vigor espiritual siempre floreciente.

En 1860 dejó de realizar sus viajes evangelísticos, al volver de Inglaterra. Decidió que debía abandonar ya fuera su enseñanza y pastorado en Oberlin, o bien su evangelismo exterior; escogiendo la escuela como último escenario de su ministerio. Tampoco es que haya estado inactivo durante aquel tiempo, aunque sólo le faltaban dos años para alcanzar los días asignados al hombre: setenta años.

Uno de los grandes privilegios de su ministerio de enseñanza era el sermón de los jueves, el cual constituía una costumbre que comenzó al trasladarse a la escuela y que conservó a lo largo de toda su vida. Durante aquellos últimos años, continuó con dicha práctica, aunque a veces le fuera necesario ser asistido por otros oradores. En esas reuniones, era más o menos didáctico, lo cual procedía de su método en el aula.

Según G. Fredrick Wright, "era en sus sermones del domingo y del jueves por la tarde cuando uno podía oír su más completa y efectiva presentación de los grandes temas del evangelio. Sus alumnos siempre consideraban aquellas ocasiones como un suplemento indispensable a los ejercicios realizados en la sala de clase".

Sin lugar a dudas, su mayor influencia sobre los estudiantes que no iban a sus clases la ejerció por medio de aquellos sermones. Probablemente, éstos consiguieron más para el Maestro que su instrucción formal. "Tan importante era el elemento doctrinal en su predicación, que casi ninguno de los veinte mil estudiantes que de tiempo en tiempo se pusieron de modo fijo bajo el ministerio del evangelista, dejó de recibir los puntos sobresalientes de su teología", dice el primer biógrafo de Finney.

Entretanto, no sólo predicaba los domingos y los jueves —además de dar su clase de teología pastoral—, sino que también llevó las pesadas cargas de ser presidente de la Universidad. Aquella triple labor continuó realizándola hasta que, como se ha señalado antes, dimitió de sus responsabilidades administrativas en 1866.

En 1863, la sombra de la calamidad se cernió de nuevo sobre el hogar de Charles Finney con la muerte de su segunda esposa. Algún tiempo después se casó por tercera vez, ahora con la señorita Rebecca A. Rayl, quien había sido la directora asistente en el departamento femenino de la Universidad. Esta le sobrevivió treinta y dos años.

La pluma del evangelista, activa durante tanto tiempo, había conseguido un auditorio mundial para sus mensajes. Comenzó a escribir durante los primeros años de su ministerio, y continuó haciéndolo hasta el final de su vida. El total de sus libros destinados a ser publicados fue de diecisiete; cuatro de los cuales aún permanecen con nosotros en el día de hoy: *Conferencias sobre los avivamientos, Sermones para quienes profesan ser cristianos, Memorias y Teología sistemática.* El primero figura entre los clásicos religiosos de mejor venta.

Aquella obra, por sí sola, fue suficiente para asegurarle a Finney un lugar en la galería de hombres ilustres del cristianismo de todos los tiempos. Acerca del tema, no hay otro libro que se le iguale. Mientras se celebren campañas de avivamiento, y los hombres busquen encender el fuego de los mismos, se leerá dicho volumen. Este se forjó en la fragua de la experiencia cristiana, y no se escribió como un compendio de teorías intelectuales. Aquellos mensajes fueron fundamentos impresos para el avivamiento.

En 1869, después de retirarse como presidente de Oberlin, Charles Finney escribió un libro titulado *La francmasonería,* en el que expone la naturaleza anticristiana de la masonería. Había pertenecido a dicha fraternidad antes de convertirse, y asistió a una que otra reunión después de encontrar a Dios; pero se sentía tan fuera de lugar en aquel ambiente que se dio de baja de la asociación. El año anterior había acabado sus *Memorias*, aunque éstas no se imprimieron hasta después de su muerte, al año siguiente de lo cual se publicó otra obra suya, titulada: *Sermones sobre temas del evangelio.*

En el año 1891, apareció un volumen póstumo también de mensajes: *Sermones del camino de salvación.* Su obra *Perspectivas de santificación,* que salió a la venta en 1840, se amplió más tarde, incorporándose en esencia a su *Teología sistemática,* para poder presentar en esta última de una manera más extensa sus ideas acerca de la doctrina de la consagración y de la santidad cristiana.

El Concilio Nacional Congregacionalista, que se reunió en 1871 en Oberlin, le pidió a Finney que les hablara acerca del "don del Espíritu Santo". Aunque sentía sobre sí el considerable peso de sus setenta y nueve años, su mente pronto se inflamó con el vigor de los días pasados, y ardió con el tema sobre el que tanto había predicado. Su voz clara llenó el auditorio y con la unción divina arrastró al público consigo. Aquellos que le oyeron dicen que su cara estaba bañada en lágrimas mientras proclamaba la doctrina que había sido el corazón de su evangelismo.

Al año siguiente abandonó la pesada carga del pastorado de la Universidad y del pueblo, un servicio de amor que había prestado desde 1836. Aunque dimitió como pastor fijo, no dejó de predicar entonces. Ahora, a los ochenta años, parecía que los hombres de otro debían tomar sobre sí aquellas responsabilidades ministeriales. A. M. Hills le oyó predicar durante el último verano de su ministerio —que fue el año de su propia graduación de Oberlin—, y cuando el veterano evangelista se levantaba y anunciaba sus textos domingo tras domingo, la lógica del evangelio se encendía, y sus mensajes se volvían radiantes con la verdad divina.

Como ministro, fue un verdadero pastor de su rebaño, atendiendo fielmente a las funciones espirituales de su oficio. Además de sus sermones del domingo, conducía la reunión de oración de mitad de la semana y celebraba un encuentro para los que buscaban a Dios, con igual regularidad, en algún momento durante la misma. Cuando se le pedía que aconsejara a un alma necesitada, nunca se demoraba en el cumplimiento de su deber. Allí donde la enfermedad lo requería, estaba Finney. Durante aquellos últimos años como pastor, a menudo caminó varios kilómetros para visitar al enfermo y al moribundo y poderles ministrar consuelo espiritual. Según afirma Wright: "Su presencia en la habitación del doliente era tan gentil como la de una mujer".

Como sucesor de Charles Finney en el pastorado de la iglesia se escogió al doctor James Brand. Cuando éste predicó su primer sermón en presencia del evangelista, estaba, como es natural, muy nervioso; pero a la mañana siguiente se encontró con Finney, quien disipó toda sensación de temor de su mente.

"El carácter más afable, tierno, compasivo y candoroso que haya conocido jamás", expresa, ". . . durante los dos últimos años que le restaban de vida, a pesar de vivir aún en medio de gente que le amaba mucho y para quienes su palabra era ley . . . nunca ofreció una sugerencia, ni hizo una crítica . . . Siempre, al despedirme de él me sentía más sabio y con un anhelo más profundo de ganar almas para Cristo . . .".

Finalmente se le concedió su deseo de quedar libre de "toda responsabilidad y cuidado pastoral". El comité nombrado para expresar el aprecio por sus servicios, hizo mención de los siguientes elementos de su trabajo ministerial:

"La consistente e intachable vida cristiana que

usted ha llevado, un ejemplo encantador y siempre resplandeciente de la gracia de nuestro bendito Señor.

"Su tierna compasión para con cada miembro individual de la iglesia, especialmente el enfermo y el afligido.

"Sus incesantes, fervorosos y eficaces esfuerzos por la salvación de los pecadores, su sabia conversación con los que buscaban a Cristo . . .

"Sus ardientes y penetrantes sermones, elaborados con mucha oración confiada y un fiel e inteligente estudio de la Palabra de Dios . . .

"Sus trabajos y oraciones por la iglesia universal, sus esfuerzos evangelísticos en el extranjero, sus cartas y libros publicados; todo ello respirando el mismo espíritu de amor y poder que ha caracterizado su actividad cristiana en el país".

Esas eran palabras que encontraban eco en cada persona que había estado bajo el poderoso y enriquecedor ministerio de aquel hombre.

El tema de Finney durante aquellos últimos años fue el mismo que el del anciano apóstol Juan: el amor. Apenas podía referirse a la grandeza del amor de Dios sin que sus mejillas se llenaran de lágrimas.

En sus clases de teología a los estudiantes, a menudo terminaba con oraciones como ésta: "Señor, ablanda sus corazones y da vida y poder a la verdad, porque si no lo haces, sus sermones y teología estarán tan secos que sólo servirán para ahogar a un agente moral". O como ésta: "Oh Señor, no permitas que estos jóvenes piensen que por el hecho de haber sumergido un pequeño sedal en el infinito mar de tu grandeza, ya han sondeado todas sus profundidades".

Más a menudo, las oraciones de su clase estaban empapadas de tal amor y vigor espiritual, que los estudiantes salían del aula con la sensación de haber pasado aquel tiempo en la presencia de Dios. Su voz

Oberlin le lloró. El mundo le perdió. Pero a través de su ministerio de evangelismo y enseñanza, miles han salido a contar de nuevo a la humanidad la misma historia que Finney tan espléndidamente vivió y con tanto dinamismo predicó. Brotando de la fuente interna de su propia vida, proclamó desde el púlpito, en el aula y mediante la página impresa "que Jesucristo vino al mundo a salvar a los pecadores". Esta fue la canción que caracterizó toda su vida, así como su candente pasión.

Dirigiéndose a la primera clase que se graduó después de la muerte del evangelista, el presidente Fairfield dijo: "El destino de ustedes estará en cierta medida modelado por lo que él fue e hizo, y en esto consiste nuestro consuelo y satisfacción al acabarse definitivamente una carrera tal de utilidad y poder. No ha de haber pérdida real. En aquella luz ardiente y brillante, en la que durante tanto tiempo se nos permitió regocijarnos, se han encendido otras mil luces más, por lo que las tinieblas del mundo estarán cada vez mas iluminadas".

Aquel proceso de encendido, por el que se han prendido las antorchas de otros en el fuego de su alma, continúa hoy en día. Nos extendemos hacia el pasado, para encender en él las moribundas ascuas del evangelismo que ahora humean entre los seguidores de Cristo. Puedan éstas inflamarse para nosotros a través de su vida, al contemplarlas bajo el poder de su ministerio personal. Un hombre así no podía morir; sólo duerme, mientras la gloria de su vida sigue marchando de triunfo en triunfo.

los elevaba tan cerca de las puertas del cielo que les parecía vislumbrar su interior.

En cierta ocasión, cerró el período académico de la escuela con la petición de que Dios diera a los jóvenes ministros un bautismo del Espíritu Santo. Pidió al Señor que no les dejara ir adelante en sus propias fuerzas para terminar derrotados, sino que los llenara por completo de la vida divina. Toda la hora transcurrió en oración. George Clark dice de aquella clase que se convirtió en una reunión de intercesión: "Fue la lección más provechosa que haya aprendido jamás, y la hora de mayor beneficio que nunca haya pasado. Llegamos más cerca de Dios, adquirimos una idea más alta del trabajo de ministro, y fue allí donde obtuve mi más elevado concepto del presidente Finney".

Hasta el final, tuvo un porte principesco que siempre hacía de él un líder entre los hombres. El sello de Dios estaba impreso en su carácter bajo la forma de mansedumbre y bondad. A pesar de sus ochenta y tres años, su mente tenía la misma agudeza que caracterizara a su pensamiento y oratoria cuando era joven, y físicamente permanecía erguido, como siempre se había presentado en el púlpito.

Completó su último curso de enseñanza a los estudiantes del seminario no muchos días antes de que el Señor se lo llevara. Henrietta Matson escribe: "Tuve el privilegio de asistir a una de aquellas clases sólo dos semanas antes de que muriera, y sobre él estaba la misma unción del Espíritu Santo y el mismo poder que antes, quizás con una dulzura mayor que hacía más próximo el cielo".

Predicó cada domingo de su postrer mes sobre la tierra, alternando entre la Primera Iglesia, que era su antiguo pastorado, y la Segunda Iglesia. En su última oración pronunciada a favor de la congregación, reunió en su corazón a aquella gente a la que tanto amaba y los encomendó a Cristo a quien de una manera tan fiel había servido.

Finney había expresado a menudo el deseo de morir súbitamente, y a medida que el fin se acercaba, tuvo un deseo creciente de partir a su hogar celestial. Muchas veces decía: "Señor, te damos gracias por la vida, pero debiéramos agradecerte aún más que podemos ir a casa". Vivió en el mismo límite del cielo, con solo un paso que dar cuando llegó el momento de Dios.

El 16 de agosto de 1875 fue un hermoso domingo. El sol irrumpió sobre los cerros con una gloria radiante que hizo retroceder las esferas de la noche. Los pájaros entonaron sus cantos matinales que el patriarca tan solícito escuchaba.

Ya muy caída la tarde, se abstuvo de asistir al culto en su querida y próxima iglesia, pero el impulso de su corazón era tan fuerte que anduvo hasta las puertas de la misma y se quedó escuchando el glorioso estribillo que la congregación estaba cantando; luego, alzando su voz, se unió a ellos en el himno: "Jesús, mi alma te ama, déjame a tu seno volar . . .".

Aquél fue el último canto que brotó de los labios del santo en la tierra. Retirándose luego a su morada, se acostó para ser despertado a las once en punto por el dolor que aquejaba su corazón. Después de unas pocas horas de sufrimiento, durmió sosegada y reposadamente "sonriendo al rostro de Dios". Cuando se despertó, lo hizo en la radiante luz de la gloria celestial. Había muerto en los brazos de Jesús, cuyo mensajero fue durante tantos gloriosos años.

En su púlpito permanece la sencilla inscripción: "Desde aquí, Charles Finney presentó durante muchos años a esta comunidad y al mundo las inescrutables riquezas de Cristo". Aquellas "inescrutables riquezas" que ahora había ido a gozar en el cielo.